독일에서 법을 만나다

독일에서 법을 만나다

초판 1쇄 인쇄 2017년 4월 5일
초판 1쇄 발행 2017년 4월 10일

지은이 박재은 외 2
펴낸이 金泰奉
펴낸곳 한솜미디어
등록   제5-213호

편집   박창서 김수정
마케팅 김명준
홍보   김태일

주소   ㈜ 05044 서울시 광진구 아차산로 413(구의동 243-22)
전화   02)454-0492(代)
팩스   02)454-0493
이메일 hansom@hansom.co.kr
홈페이지 www.hansom.co.kr

값 13,000원
ISBN 978-89-5959-466-5 (03360)

* 잘못 만들어진 책은 구입하신 서점에서 바꿔드립니다.
* 이 책은 아모레퍼시픽의 아리따 글꼴을 사용하여 편집되었습니다.

독일에서 법을 만나다

박재은 외 2인 지음

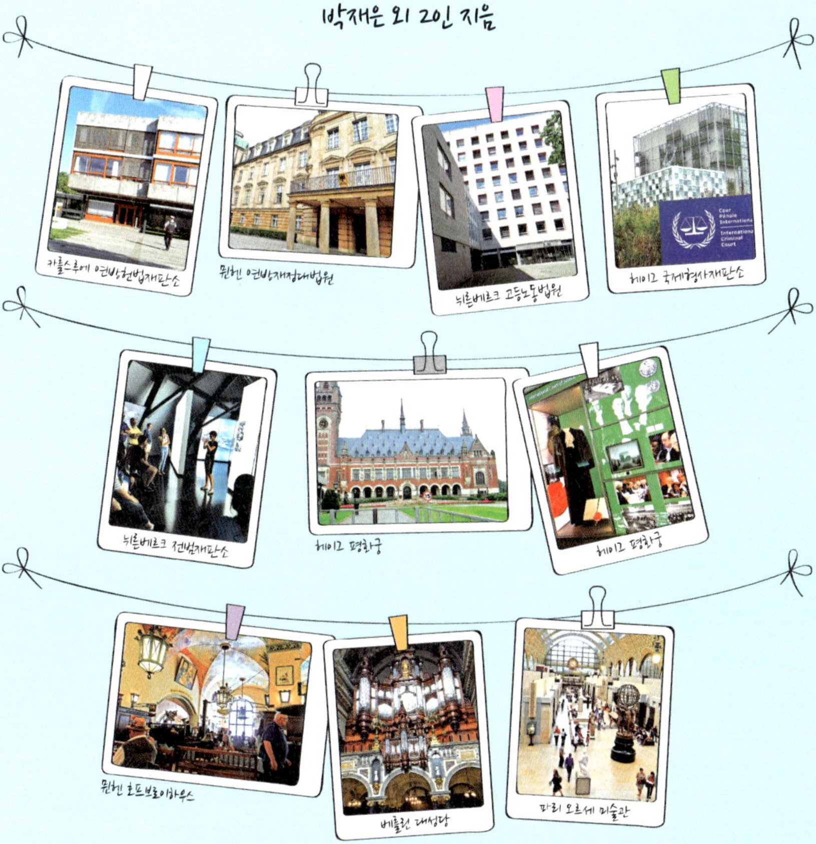

| 추천사 |

    이 책은 장래 국제기구에서 일하고 싶다는 꿈을 가진 여고생이 쓴 책이다. 그 꿈이 얼마나 강렬하고 상상력이 풍부했으면 국제기구까지 찾아가서 직접 설명을 듣고 돌아와 책을 쓰겠다고 엄두를 냈겠는가? 어린 나이에 자신의 꿈을 이룰 수 있는 진로를 개척해 나가는 모습이 대견하다. 장차 국제 무대에서 한국의 이름을 휘날리는 모습이 떠오른다. 다른 청소년들도 이 책을 읽고 국제 무대에 도전하는 용기와 추진력을 키워 나가면 좋겠다.

- 전 통일부 장관 정세현

    학생들과 면담하다가 "너의 꿈이 뭐니?", "너는 어떤 사람이 되고 싶니?"라고 물으면 대부분의 학생들은 "아직 생각해 본 적이 없는데요." 또는 "글쎄요? 아직 잘 모르겠어요"라고 대답한다. 아직은 자신의 세계가 견고하게 완성되지 않은 미성년이어서 그럴 수 있겠지만 이는 우리 교육의 큰 문제점이라는 생각이 든다. 학생들이 공부는 하는데 무엇을 위해서 하는지 무엇이 되고 싶은지도 모르는 가운데 막연하게 좋은 점수만 얻어 점수에 맞게 상급 학교에 진학하는 것이 현실이다.

이 책은 자신의 꿈을 이루기 위해 직접 현장을 방문하여 다양한 경험을 통해 노력하는 학생의 모습이 생생하게 잘 담겨 있다. 사람의 생김새가 다르듯이 개개인이 꿈꾸는 미래의 모습은 다르고 삶의 방식도 천차만별이다. 또한 시간이 지남에 따라 자신이 원하는 진로도 달라질 수 있겠지만 무작정 하는 것보다는 자신의 재능과 적성에 맞는 목표를 설정하고 가는 것이 더 좋지 않을까?

아무쪼록 이 책이 자신의 꿈을 키우는 데 한 걸음 더 다가갈 수 있고, 진로에 대한 고민을 해결할 수 있는 계기가 되기를 바란다. 또한 꿈을 이루기 위해 열심히 준비하고 노력해서 자신의 능력을 발휘할 수 있기를 바란다. 그리고 진정으로 자신이 원하는 일을 하는 가운데 행복한 삶을 누릴 수 있기를 바라는 마음이다.

— 세화여자중학교 교사 **김주익**

어린 나이지만 자신의 꿈을 향해 나아가는 모습이 놀라운 친구입니다. 이 책이 국제 무대에서 성장하길 꿈꾸는 학생들에게 좋은 자극이 되기를 바랍니다.

— 2016년도 수능 만점자, 서울대 경제학과 **최민주**

뮌헨 연방재정대법원

카를스루에 연방통상대법원

카를스루에 연방헌법재판소

| 차례 |

추천사 | 전 통일부 장관 정세현 외 • 04

- **01** 견학을 계획하다 · 09
- **02** 독일의 뮌헨을 향하여 · 17
- **03** **뮌헨** _ 연방재정대법원 · 고등사회법원 · 고등행정법원 · · · · 21
- **04** **카를스루에** _ 연방통상대법원 · 고등법원 · · · · · · · 41
- **05** **카를스루에** _ 연방헌법재판소 · · · · · · · · · · · · · · · 56
- **06** **뉘른베르크** _ 전범재판소 · 고등노동법원 · · · · · · · 69
- **07** 베를린 관광 · 84
- **08** **함부르크** _ 국제해양법재판소 · · · · · · · · · · · · · · · 108
- **09** **헤이그** _ 국제사법재판소 · 상설중재재판소 · 국제형사재판소
  유고 전범재판소 · 이준 열사 기념관 · · · · · · · 123
- **10** 파리 관광 Ⅰ · 151
- **11** 파리 관광 Ⅱ · 169
- **12** 북경을 거쳐 서울로 · 188

뉘른베르크 고등노동법원

함부르크 국제해양법재판소

헤이그 평화궁
- 국제사법재판소
- 상설중재재판소

견학을 계획하다

  2016년 1월, 고등학교에 진학하면서 법관이 장래 희망인 나는 최근 법학대학이 없어지고 로스쿨로 바뀌는 단계에서 주변으로부터 학과 선택과 대학진학에 대한 여러 조언을 들었다. 그중 하나가 독일은 법학 분야에서 선진국이며, 우리나라 법학의 모태를 이루는 나라이니 독일의 법원을 둘러보는 것이 법학을 전공하고자 하는 목표를 위한 좋은 경험이 될 수 있을 것이라는 조언이었다.

  진로를 굳건히 하기 위해서는 더없이 좋은 생각이었지만 고등학교 입학 후 다른 친구들이 학업에 힘을 쓰는 시기에 여행을 가게 되면 뒤처질 것이라는 착잡한 마음에 고민이 되었고 부모님께서도 그러한 점에서 걱정하시는 것 같았다. 그럼에도 불구하고 실보다는 득이 많을 거란 생각에 독일 법원 견학을 강행하기로 결심하였다.

  가족 모두가 함께하기 위해서는 일정을 조율해야 했는데 동생들과 내가 모두 학생이기에 학사 일정이 나오기 전까지는 여행 일정을 계획하기 어려웠다. 그러나 독일 프랑크푸르트에 오랫동안 거주하고 계신 아버지의 고등학교 동창 분께서 부모님께 도움을 주신 것 같았고, 2월 말쯤 독일 법원 참관에 대한 질문에 '따로 신청 절차는 없고 공휴일이 아닌 날에는 매일 형사·민사 재판 건이 있는데, 당일 법원에 가면 입구에 건별로 참관 가능/불가능 표시가 있고 대부분 참관 가능하니 미리 가서 있다가 10분 정도 전에 들어가면 된다'고 알려 주셨던 것 같다.

어머니의 도움을 받아 3월 중순쯤 처음에 방문을 계획한 법원은 뮌헨의 고등법원과 지방법원, 카를스루에의 연방헌법재판소, 함부르크의 국제해양법재판소, 프랑크푸르트의 지방법원, 헤이그의 국제형사재판소, 영국의 왕립재판소와 대법원이었다. 뒤늦게 알게 되었지만 독일 뮌헨과 프랑크푸르트, 함부르크, 네덜란드, 영국까지 이르는 일정이 너무 방대해서 부모님께서는 쉽게 일정을 확정하지 못하셨고 재판은 1심/2심/3심을 각각 한 번씩만 보면 되니까 남는 시간이 충분할 것이라는 생각으로 독일 관광을 계획하셨는데 독일은 한국과 법원체계가 달라서 이런 생각으로 짜여진 일정은 나중에 완전히 뒤바뀔 수밖에 없었다.

나와 동생들의 학사 일정이 확정되고 나서 처음으로 해야 할 일은 항공권을 확보하는 일이었다. 여름 성수기 항공권은 시간이 임박할수록 구하기도 힘들고 가격도 올라가는 특징이 있어서 일단 항공권과 숙박을 확정하는 것이 우선이라고 생각했지만 여행의 동선과 방문 장소가 확정되지 않은 탓에 어려움이 있었다. 항공권 이외에도 해야 할 일이 많았기에 4월 초에 서둘러 북경을 경유하는 중국 항공(Air China)으로 인천 – 뮌헨, 파리 – 인천 항공권을 확정하였다. 항공권은 인터넷을 통해 최저가를 확인한 후에 익스피디아(싱가포르)를 통해 구입하였다.

우리는 5인 가족이라 장거리 해외여행은 언제나 외국을 경유하는 외국항공사를 이용하였다. 독일 남쪽인 뮌헨, 서쪽의 프랑크푸르트, 북쪽의 함부르크까지 아우르기에는 동선이 너무 복잡하여 과감하게 프랑크푸르트를 포기하고, 파리를 거쳐서 영국까지 간다고 하더라도 수박 겉핥기 식 여행이 될 것 같은 우려로 영국을 포기하고 파리에서 돌아오는 스케줄로 확정한 후 뮌헨에서 함부르크까지는 비행기로 이동하는 일정을 잡았다(편도, Air Berlin). 처음으로 인천 - 뮌헨 - 함부르크 - 헤이그 - 파리 일정을 확정하였다.

뮌헨에서는 지방법원 견학 일정만 잡았고, 함부르크로 가는 비행기는 29일로 예약한 터라 관광을 위한 시간이 있었다. 뮌헨 관광을 계획했지만 아버지 친구께서는 오스트리아의 잘츠부르크를 하루 다녀오는 것을 권하셨다. 잘츠부르크는 모차르트의 고향으로 알려져 있으며, 세계에서 가장 아름다운 마을이라고 하는 할슈타트가 있는 도시이다. 할슈타트에서 1박을 하기 위해서 인터넷으로 확인되는 거의 모든 숙소에 이메일을 보냈다. 그런데 아직 4개월여나 남은 7월 말 일정임에도 불구하고 할슈타트 마을 호수 근처의 숙소 중에는 예약이 가능한 숙소가 전혀 없었다.

할슈타트 마을에서의 숙소 문제로 고민하고 있을 즈음 공교롭게도 여행 기간 중에 일요일이 끼어 있어 법원 견학 일정에 차질이 생긴다는 사실을 깨달았고, 그 순간 모든 일정을 수정할 수밖에 없었다. 할슈타트를 포기하는 대신 하이델베르크를 관광하기로 계획을 수정하고 27일 수요일 뮌헨 도착 후 지방법원/고등법원 방문 및 숙박, 28일 목요일 뉘른베르크 전범재판소 방문 후 카를스루에로 이동, 29일 금요일 카를스루에 대법원 및 연방헌법재판소 방문, 30일 토요일 하이델베르크로 이동 및 관광, 31일 일요일 하이델베르크 관광 후 함부르크로 이동, 8월 1일 월요일 함부르크 국제해양법재판소 방문 및 헤이그로 이동, 2일 화요일 3일 수요일 헤이그 Peace Palace, 국제형사재판소 방문 후 파리로 이동, 4일 목요일 파리 관광, 5일 금요일 귀국 일정이 확정되었다.

호텔은 5인 가족이 묵기 위해서는 방 2개를 사용해야 하는 번거로움도 있고, 아이들끼리 방을 쓰게 하기에는 걱정이 되신다며 독일 현지인들의 생활에 더 가까운 민박집을 예약하셨다. 그러나 이후에 일정이 변경되면서 모든 숙소를 호텔로 변경할 수밖에 없었다. 아버지의 친구께서는 뉘른베르크 다음 일정으로 하이델베르크 대신 베를린 관광을 권유하셨다. 그래서 일정을 조금 변경해 보았다. 28~29일 카를스루에로 이동 및 법원 방문, 30일 뉘른베르크 전범재판소 방문 후 베를린으로 이동, 31일 베를린 관광 및 함부르크로 이동, 8월 1일 함부르크 국제해양법재판소 방문 및 헤이그로 이동, 2~3일 헤이그 Peace Palace, 국제형사재판소 방문 후 파리로 이동하는 변경된 일정이 4월 중순에서야 확정되었다.

다음으로 해야 할 일이 독일 내에서의 이동을 위한 기차표 예약이었다. 유로레일 패스, 저먼레일 패스, 시내 대중교통 패스 등 이용할 수 있는 기차표가 다양하였고, 또한 유로레일 패스의 경우에는 그 종류도 엄청나게 많을 뿐만 아니라 표를 구입할 수 있는 경로도 너무 다양하였다. 사실 이것들의 엄격한 차이를 알지 못했지만 독일 내에서의 여러 도시를 이동해야 하고, 또한 네덜란드와 프랑스로의 국가 간 이동 일정이 있었기 때문에 일단은 유로레일 패스를 구입해야만 했다.

1등석과 2등석, 좌석은 직접 구입 또는 여행사를 통한 구입 등의 다양한 선택이 있었고, 유로레일 패스를 판매하는 여행사도 다양하였다. 부모님께서는 결국 가장 손쉬운 방법으로 여행사에 문의하셨다. 가족의 구성과 일정을 알려 주고 어떤 종류의 표를 구매하는 것이 좋은지 문의하셨다. 부모님께서 직접 결정하신 것은 딱 하나 1등석인데 아무래도 여러 도시를 하루씩 이동하려다 보면 장시간의 기차여행으로 피로가 누적될 것을 고려하여 1등석을 고집하셨다.

또 좌석을 굳이 예약할 필요가 없다는 여러 사람들의 조언에 따라 의무적으로 좌석을 예약해야 하는 헤이그에서 파리로 가는 구간에서만 좌석을 예약하셨다. 여행사를 통한 유로레일 패스의 구입은 패스를 구입하는 수수료와 좌석 예약에 따른 수수료가 별도로 지불되어 직접 구매하는 것보다는 비쌌지만 여러 가지 옵션들 중 본인에게 맞는 표를 추천받을 수 있고 추가 할인 등의 다양한 혜택이 있어서 유리한 점도 있었다. 우리는 3개국 6일짜리 패스를 구입하였는데, 초등생은 무료로 추가되었으며 하루를 더 무료로 제공받아서 7일짜리 패스를 구매할 수 있었다.

독일의 법원 체계는 한국과 다르다는 것을 알았지만 대법원, 고등법원, 지방법원의 3심 법원제는 당연하다고 생각하고 어느 도시에서 어떤 법원을 방문할지에 대한 계획만 잡고 있었는데 인터넷을 통해 독일은 5개의 전문법원으로 세분화되어 있고, 이 5개의 법원이 각각 지방법원/고등법원/대법원의 체계를 가지고 있다는 것을 알게 되었다. 또한 각 법원들이 한국에서처럼 대도시에 집중된 것이 아니라 독일 전역의 도시에 흩어져 있었다.

독일은 5개의 전문법원이 있는데 각각의 대법원(Bundesgericht)으로는 연방통상법원(카를스루에 소재), 연방노동법원(에어푸르트 소재), 연방행정법원(라이프치히 소재), 연방사회법원(카셀 소재), 연방재정대법원(뮌헨 소재)이 있다. 그리고 각각의 고등법원(Oberlandesgericht)과 지방법원(Landgericht), 구법원(Amtsgericht)이 하위 법원으로 존재한다. 독일의 법원 조직을 이해하기 이전에 일정을 잡았기 때문에 순서가 뒤바뀌긴 하였지만 어쩔 수 없이 우리의 일정에 맞추어 방문할 법원을 결정할 수밖에 없었다.

결국 반드시 방문할 법원으로 함부르크의 국제해양법재판소, 헤이그의 국제형사재판소, 뉘른베르크의 전범재판소, 카를스루에의 독일연방통상대법원과 연방헌법재판소를 정하고, 그 외 방문할 법원으로는 일정에 맞추어 뮌헨의 독일연방재정대법원과 고등사회법원, 고등행정법원, 카를스루에의 고등법원, 뉘른베르크의 고등노동법원을 정하였다. 각 종류의 법원을 한 곳이라도 방문하는 것을 목표로 법원을 선정하였다. 그리하여 방문을 계획한 모든 법원에 이메일로 방문 의사를 전달하였고, 웹사이트가 있는 법원은 웹사이트에서 방문 가능 여부를 확인하였다.

최종적으로 확정된 일정은 다음과 같았다.

- 26일 화요일 인천 출발
- 27일 수요일 뮌헨 도착 및 연방재정대법원, 고등사회법원, 고등행정법원 방문 후 카를스루에로 이동
- 28일 목요일 카를스루에 대법원, 고등법원 방문
- 29일 금요일 카를스루에 연방헌법재판소 방문 후 뉘른베르크로 이동
- 30일 토요일 뉘른베르크 전범재판소, 고등노동법원 방문 후 베를

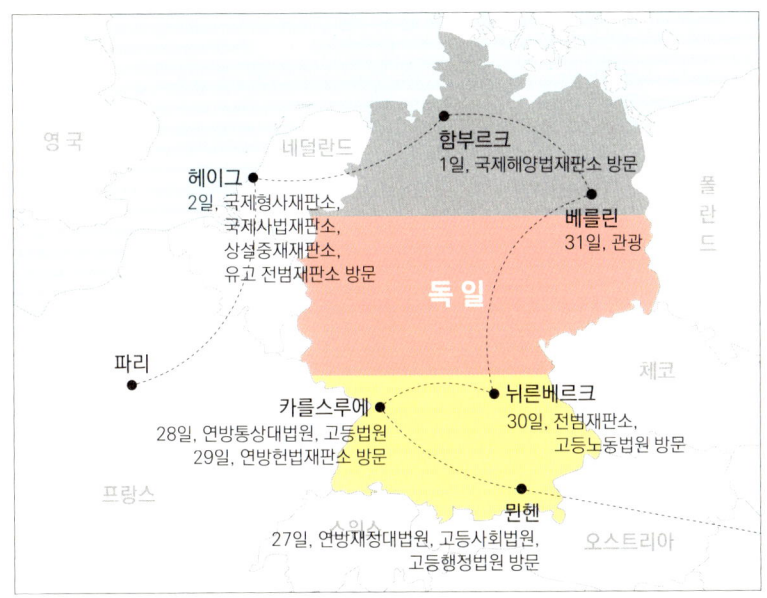

린으로 이동

- 31일 일요일 베를린 관광 후 함부르크로 이동
- 8월 1일 월요일 함부르크 국제해양법재판소 방문 후 헤이그로 이동
- 2일 화요일 헤이그 평화궁(Peace Palace) 및 국제형사재판소 · 유고 전범재판소 방문 후 파리로 이동
- 5일 금요일 귀국

비행기는 인천 – 북경 – 뮌헨, 파리 – 북경 – 인천 일정으로 중국 항공(Air China)을 예약하셨고 카를스루에(숙소 : Löwe am Tiergarten Hotel)에서 2박, 뉘른베르크(숙소 : Hotel Marien bad)에서 1박, 베를린(숙소 : Mikon Eastgate Hotel)에서 1박, 함부르크(숙소 : Ele azar Hotel)에서 1박, 헤이그(숙소 :

Novotel Den Hagg City Center)에서 1박, 파리(숙소 : Hotel Richmond Opera)에서 3박을 예약하셨다. 생각만 해도 정신없이 바쁜 일정이었다.

  7월로 접어들자 아버지께서는 비행기와 숙소를 하나씩 점검하셨는데 비행기 티켓에 기재된 성과 이름의 위치가 뒤바뀌어서 비행기를 못 타게 될 수도 있다는 청천벽력 같은 말씀을 하셔서 정말 걱정이 되었다. 인터넷으로 알아본 결과 공식적으로 성과 이름의 위치가 바뀌면 비행기 탑승이 불가하다는 의견이 있지만, 실제로 공항에 가면 탑승에 지장이 없을 수 있다는 의견도 있다고 하시면서 우리를 안심시켜 주셨다. 아버지께서는 미리 알리지 않은 이유가 가족 모두가 해결되지 않을 고민을 하는 것은 너무 소모적이라는 생각 때문이었고, 만약 어느 한 공항에서라도 문제가 되면 그때 비행기 표를 다시 구매할 것이라고 말씀하셨다.

  아버지께서는 항공권의 이름 변경을 알아보시면서 중국 항공에 대해서도 함께 검색해 보셨는데 수화물이 없어진다거나 기내식이 별로다, 출발 지연이 많다는 등의 좋지 못한 평가들이 다수였다고 하셨다. 이미 항공권을 구입한 이후라서 어쩔 수 없이 인터넷으로 수화물에 대한 기준을 잘 살펴보고, 캐리어는 단 하나에 중요하지 않은 물건들만 넣고, 중요한 것들은 각자의 배낭에 분산하여 넣기로 하였다.

독일의 뮌헨을 향하여

　2016년 7월 26일 화요일 오후 5시 50분 비행기가 예약되어 있었다. 티켓에 성과 이름이 바뀐 것이 신경이 많이 쓰였다. 가급적이면 어떠한 돌발상황도 벌어지지 않았으면 하는 바람에 공항까지의 이동은 대중교통 대신 아버지 지인께 부탁하여 12시 30분경 일찍 집을 나섰다.

　여름휴가의 성수기임을 감안했을 때 조금은 한산한 공항을 들어서며 일단 중국 항공의 출국 수속이 이루어지는 H 카운터로 향하였다. 아직 발권 수속을 위한 줄은 없었으며, 우리가 도착했을 즈음 입구에 서 있던 직원으로부터 이제 줄을 서면 된다는 안내를 받고 곧 제일 먼저 카운터 앞으로 갔다.

　직원에게 여권을 제시하고 기다렸으나 탑승 예약 명단에 가족의 이름이 없다는 말을 들었다. 이때 부모님께서는 성과 이름이 뒤바뀐 사실을 알리셨고 이에 대해 직원은 "별문제 없습니다. 이따가 도장을 찍어 줄 테니 가져가시면 됩니다"라고 말하며, 수화물에 보조배터리 등의 위험물이 없는지 확인하였다. 특별히 휴대하는 가방의 개수를 확인한다든가 수화물의 무게를 언급하지는 않았다. 출발 전에 보조배터리는 휴대하여야 한다는 내용을 숙지하고 있었던 탓에 이미 휴대할 가방에 분산하여 넣어 두었다. 후에 중국 항공 직원으로 보이는 분께 도장을 받았는데 인천에서의 발권은 대한항공사에서 대행하고 있다는 사실을 알게 되었다.

북경에서 뮌헨으로 가는 항공권도 같이 수령하였지만, 걱정되는 마음으로 부모님께서는 외국 공항에서도 문제가 없을지 질문하셨는데 예상을 크게 빗나가지 않고 "요새 유럽이 테러 때문에 문제가 많아서 확실히는 잘 모르겠다"는 답변이 돌아왔다. 아무튼 7월 이후 최대의 고민거리였던 항공권 문제가 해결되어 큰 산 하나를 넘은 안도감이 몰려왔다.

6월에 무릎을 다쳐서 부목으로 고정했던 여동생이 목발을 짚었기 때문에 휠체어를 대여한 우리 가족은 장애인을 위한 승강기와 통로를 이용하여 좀 더 수월하고 빠르게 출국사무소와 검색대를 통과할 수 있었다. 이동하는 내내 휠체어는 공항 직원의 도움을 받았다. 생각지 않게 이른 시간에 모든 수속을 마친 우리는 한동안 맛보지 못할 한국 음식을 먹을 시간이 충분하였다. 식사를 마친 어머니께서 그제서야 수화물 안에 배터리로 충전하는 면도기가 들어 있다는 사실을 떠올리셨고 공항 측에서는 탑승 수속 카운터로는 다시 돌아갈 수 없으니 탑승구 앞으로 짐을 다시 보내 줄 테니 탑승 전에 배터리를 수거하라고 했다.

중국 항공 여객기는 출발 지연이 잘 된다는 정보가 있었지만, 탑승수속은 예정된 시간에 진행되었다. 수속에 앞서 항공사 직원은 우리 가족 일행을 불렀고, 수화물 안에서 면도기를 수거한 후 몸이 불편한 여동생 덕분에 가장 앞서 비행기에 오를 수 있었다. 단, 내릴 때에는 가장 늦게 내려야 한다고 승무원은 덧붙였다. 비행기는 정시인 5시 50분에 인천공항을 출발하였다. 익스피디아에서는 중국 항공을 저가 항공사로 분류했는데 '비행기가 너무 작지는 않을까, 너무 시끄럽지는 않을까' 하는 걱정은 기우였다. 비행기 안은 오히려 제주행 여객기보다 조용하였고, 일렬로 8개의 좌석이 배치된 그리 작지 않은 비행기였다. 2시간 정도의 짧은 비행이었지만 처음으로 중국 항공기의 기내식을 맛볼 수 있었다.

친절하게도 비행기가 도착할 시간에 맞추어 휠체어가 준비되어 있었고, 비행기에서 내리자마자 휠체어를 보조해 주는 직원을 따라서 환승 게이트까지 이르는 멀고 복잡한 길을 별 어려움 없이 이동할 수 있었다. 출입국관리소에서는 어차피 줄을 서서 기다리는 사람이 없어서 금방 통과했지만 검색대에서는 다른 사람들보다 먼저 통과할 수 있도록 배려해 주었다.

북경의 시간은 서울보다 한 시간 늦다. 현지 시간으로 저녁 7시가 가까워 북경에 도착한 후, 환승 게이트 앞까지 가는데 40여 분 이상 소요되었다. 우리가 탑승할 뮌헨행 비행기의 출발 시간은 현지 시간으로 새벽 1시 10분이었다. 아직 우리에게는 다음 비행까지 5시간 정도의 시간이 남아 있었다. 저렴한 항공권은 다른 나라를 경유하는 것이 필수였고, 경유 항공권 중에서는 비교적 대기 시간이 짧은 항공권이었다. 워낙 중국 항공 여객기의 출발 지연과 그에 따른 연착이 흔하기 때문에 3시간 이상의 대기 시간이 안정적일 수 있다는 인터넷 내용들을 접한 터라 5시간의 대기 시간이 길지 않을 것이라고 생각했는데 다행히 우리가 탑승한 여객기는 전혀 연착되지 않고 도착했으므로 우리에게는 5시간이라는 꽤 나 긴 대기 시간이 주어졌다. 저

북경공항의 대합실 의자와 바깥 풍경

녁 시간이라 많은 상점들이 문을 닫았지만, 아침부터 긴장과 설렘으로 지친 동생들과 쉬고 있을 때 부모님께서 잠깐 구경을 다녀오셨다.

북경 수도공항의 탑승구 앞 의자들은 눕기에 아주 안성맞춤일 정도로 넓어서 잠깐 잠을 청하기도 하고, 책을 읽기도 하고, 태블릿 PC로 영화도 보면서 설레는 마음으로 유럽으로 향하는 비행기를 기다렸다.

정각 1시 10분에 북경을 출발하여 뮌헨으로 향하는 비행기가 이륙하였다. 처음으로 마주할 유럽에 대한 설레임 때문인지 처음 타보는 장거리 중국 비행기에 대한 호기심 때문인지 지루하지 않은 10여 시간의 비행 후에 우린 27일 새벽에 독일 뮌헨 공항에 무사히 도착하였다.

뮌헨 _ MÜNCHEN
연방재정대법원 · 고등사회법원 · 고등행정법원

새벽 6시가 되기 전에 도착한 뮌헨은 환한 대낮 같았다. 비행기는 제시간에 도착했지만 휠체어가 준비되어 있지 않았다. 현지 공항 관계자는 아마도 항공사에서 공항에 휠체어를 예약하지 않은 것 같다고 했다. 우리는 비행기에서 내려 한참을 기다린 후에 마중 나온 전동카트를 타고 이동할 수 있었고, 전동카트가 출입국사무소를 통과해서 이동할 수는 없었는지 입국 수속을 마치면서 휠체어를 준비해서 보조해 주었다.

전동카트와 휠체어를 준비해 준 뮌헨 공항 여직원은 지하철역으로 이동하는 내내 휠체어를 밀어 주었고, 심지어 지하철 승강장까지(사실 독일의 지하철은 개찰구가 없기 때문에 지하철 문 앞까지라고 해도 좋다) 함께 와 주었다. 너무 이른 시간이었고 가게들은 영업시간 전이어서 우리가 길을 물어볼 곳조차 안 보이기에 공항 직원에게 몇 시부터 일하는지 물어보았더니 새벽 4시부터 근무한다고 하였다.

뮌헨 공항에서 뮌헨 중앙역까지의 이동수단은 'S반'(독일 지하철의 한 종류)이었다. 승차권은 따로 구입하지 않아도 한국에서 구입한 유로레일 패스로 승차가 가능하였다. 단, 유로레일 패스는 반드시 처음 사용할 때 규모가 있는 지하철역 사무실에서 개시 절차를 거쳐야만 했다. 당연히 유로레일 패스를 개시한 후에 뮌헨 중앙역에서 뮌헨 시내 대중교통표(독일은 버스와 지하철이 동일한 표로 이용 가능하다)를 구매할 계획이었으나, 사무실이 문을 열기까지는 1시간 반 정도 기다려야 했다. 어차피 뮌헨 시내에서도 버스나 트램을 이용하여 수시로 이동해야 할 것 같아서 사무실이 문을 열기를 기다리는 대신 공항 직원의 도움을 받아 자판기에서 시내 교통표를 구입하였다(독일의 거의 모든 정거장에 표를 파는 자판기가 있다).

뮌헨 방문의 첫 번째 목적은 연방재정대법원 방문이었다. 연방재정대법원은 연방재정대법원(Bundesfinanzhof) 역 근처에 있는데, 뮌헨 공항에서 대중교통을 이용한다면 이자토어(Isartor) 역에서 트램으로 환승해야 했다.

공항에서 이미 뮌헨 시내 대중교통표를 구매했기 때문에 굳이 중앙역으로 가서 유로레일 패스를 개시할 필요는 없었다. 독일의 모든 기차역에는 유료 라커 룸이 있어서 짐을 보관하고 이동하기가 수월하다고 알고 있어서 이자토어 역에 내린 후 가방들을 라커에 보관하고 바로 연방재정대법원 역으로 이동하려고 하였으나 이자토어 역이 기차역이 아닌 지하철역이어서인지 아쉽게도 라커 룸은 없었다. 할 수 없이 다시 지하철을 이용하여 라커 룸이 있는 중앙역으로 향했다.

중앙역에서 라커 룸을 찾기는 어렵지 않았다. 시차 탓도 있고 장시간 비행으로 지쳐 있는 상태에서 가방까지 무거워 여행의 설렘보다는 힘들다는 생각이 머릿속을 꽉 채웠지만 라커 룸을 찾고 나니 여유가 생겼다.

가방 보관을 마치고 나서 중앙역에서 조금은 이른 아침 식사를 하였

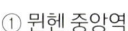

① 뮌헨 중앙역
② 공항 여직원과 함께
③ 대중교통표 자판기

다. 중앙역은 우리나라와 다르게 대합실이나 플랫폼이 따로 구분되어 있지 않았다. 물론 기차들이 줄지어 서 있는 플랫폼이 있었지만 꼭 매표해야 들어갈 수 있는 공간이 아니라 사람들이 무수히 지나다니는 대합실과 분리되지 않은 공간에 공존하였고, 그 통로에 우리나라의 매점 같은 음식을 파는 가게들이 있었다. 물론 따로 식당도 있을 테지만 가까이에서 눈에 띄는 간단한 음식들로 아침 식사를 해결하기로 하였다. 우리는 여느 독일인들처럼 음료와 음식을 구입하여 선 채로 아침 식사를 해결하였다. 한국 빵이 굉장히 그리웠지만 이것 또한 이국에서의 경험이라고 생각하고 먹었던 것 같다.

재정법원은 세금과 소비자 문제(Tax and Customs matters)에 관련된 관할권을 가진다고 한다. 재정재판은 2심으로 진행되는데 18개의 지방재정법원에는 3명의 판사와 2명의 명예판사로 구성되는 재판부에서 재판을 담당하고, 연방재정대법원은 항소법원으로서의 역할을 담당한다고 한다. 연방재정대법원으로부터 받은 이메일에는 불행하게도 우리가 뮌헨에 도착하는 날에는 예정된 가이드 투어가 없으며, 가이드 투어가 있다고 하더라도 독일어로 진행된다고 적혀 있었다. 출발 전부터 가이드 투어가 없다는 것을 알고 있었으나 법원 내 구경이라도 할 수 있을까 싶어서 방문해 보기로 했다.

법원은 홈페이지에서 보았던 것과 전혀 다름없는 고풍스러운 건물이었으며, 정원처럼 보이는 건물 앞뜰에는 오가는 사람이 거의 없었다. 현관 출입문은 외부에서 안을 들여다볼 수 없는 두꺼운 나무로 만든 문이었고, 초인종을 누르고 방문 의사를 전달했을 때, 문이 자동으로 열리면서 현관 오른쪽 유리문 안에 있던 경비원과 마이크를 통해 대화할 수 있었다. 법원 구경을 원하는 방문객인데, 혹시 가이드 투어가 가능한지 다시 한 번 확인하였고 가이드 투어가 없다면 법원 내부 관람이 가능한지 물어보았다.

　법원으로 들어가는 입구는 지하철 개찰구처럼 출입을 통제하고 있어서 함부로 들어갈 수 없었다. 경비원은 답변 대신 어디론가 연락을 취하였고, 이내 다른 여직원을 만날 수 있었다. 결국 내부 관람은 불가능했고 처음 방문한 독일 연방재정대법원에서 관람도 못하고 돌아나오는 실망감에 발걸음은 무거웠지만, 이미 어느 정도는 예상하고 있던 터라 중후

연방재정대법원

한 법원의 외관을 보는 것만으로도 만족스러웠다.

다음으로 향한 곳은 바이에른 주 고등사회법원(Landessozialgericht)이었다. 이곳 역시 방문이 가능한지 사전에 이메일을 보내긴 하였으나 답변을 받지는 못했다. 독일 연방사회대법원이 카셀(Kassel)에 위치하고 있어서 애초에 계획한 이동 경로에서는 방문이 불가능하여, 대신 뮌헨에서 고등사회법원을 방문하기로 하였다.

구글맵에 의지하여 트램을 내려서도 한참을 걸어서 도착한 바이에른 주 고등사회법원 건물에는 조그만 현판이 보였고, 건물 뒤로 돌아서 들어와야 한다는 안내판이 있었다. 안내판만 믿고 건물을 한 바퀴 돌아서 갔지만, 결국 다른 입구를 찾지 못하고 그 자리로 되돌아왔고 아무리 둘러보아도 다른 입구는 보이지 않았다.

사실 처음부터 시선을 끌었던 것은 고등사회법원 건물이 아니고 길 건너에서 보이는 크고 아름다운 건물이었다. 마침 옆을 지나가던 중년의 남자에게 그 건물에 대하여 물어보았다. 바이에른 주립 도서관(Babrial State Library)이라고 했다.

바이에른 주립 도서관은 1558년에 법원 도서관으로 설립되었으며, 2016년 기준으로 1천만 권 이상의 책을 소장하고 있기도 하지만 손수 쓴 수많은 원고를 소장하고 있다. 1663년부터 바이에른에서 발표되는 모든 인쇄물은 두 개의 사본을 바이에른 주립 도서관에 제출하여야 하는데, 이러한 규칙은 현재에도 유효하다. 또한 영국 국립도서관에 이어 유럽에서 두 번째로 큰 언론 도서관이며, 일반 열람실의 이용시간은 오전 8시부터 밤 12시까지이고, 지도와 사진, 음악, 동양과 동아시아, 동유럽, 지역 수준에 할당되는 역할 등을 담당하는 다양한 부서들이 있다. 또한 2003년부터는 불법적으로 획득한 도서관 자료를 반환하는 활동을 하고 있다.

(출처 : 인터넷 위키피디아 영문판)

남자는 뮌헨 근처의 다른 도시에 거주하는데 뮌헨에서 근무하는 아들을 만나기 위해 뮌헨을 방문 중이며, 전직 고등학교 선생님이라고 자신을 소개했다. 남자는 아마도 학생으로 보이는 우리들을 위해서인 듯 "조금만 더 걸어가면 대학교(나중에 알았지만 우리가 남자를 만난 곳에서 약 한 정거장 떨어진 곳에 Ludwig Maximilians Universität Fakultät für Psychologie und Pädagogik 대학교가 있었다)가 있다"고 말해 주었다. 그제서야 길을 지나가는 많은 젊은 사람들을 이해할 수 있었다.

바이에른 주립도서관

법원 입구를 찾지 못한 우리는 계획을 바꾸어서 근처 대학을 먼저 구경하기로 마음먹고 걸음을 재촉했다. 날씨가 조금 덥기도 하였지만, 뮌헨에서의 일정이 워낙 빡빡하여 대학으로 보이는 건물만 대충 훑어보고 발길을 돌렸다. 건물 앞에는 견학 온 것 같은 학생들이 모여 있어서 고등학생들이 대학교를 견학하고 있다고 생각했다. 우리는 후에 그곳이 대학교 건물이 아니라 '백장미 기념비(DenkStätte Weiße Rose) 박물관'임을 알았다.

곧이어 고등사회법원 맞은편에서 우리의 시선을 끌었던 도서관으로 가기 위해 횡단보도를 건넜다. 횡단보도를 건너면서 바로 마주한 첫 번째 건물은 성당이었다. 이후 독일에서 보게 될 성당들과는 다르게 밋밋한 외형의 이 성당은 내부도 상당히 어두컴컴하였다. 관광지로 유명해질 만큼 화려하진 않지만, 역사는 꽤 오래되었음을 직감할 수 있었다(후에 확인해 보니 세계에서 두 번째로 큰 프레스코 벽화를 가진 St. Ludwig München 성당이었다).

성인 키의 3배쯤 되어 보이는 도서관의 육중한 출입문에 놀랐고, 도서관 앞에 줄지어 늘어선 자전거를 교통수단으로 이용하는 문화적 차이도 알 수 있었다. 나무로 만들어진 출입문을 사이에 두고 바깥 공간과 완전히 차단된 도서관 내부는 중앙에 2층으로 올라가는 높은 계단이 있었고, 양옆으로 긴 복도가 있었다. 복도 끝에 열람실이 있고, 열람실 앞쪽 중앙 계단 아래에 사물함이 있었다. 높은 중앙 계단을 따라 올라간 2층에도 열람실이 있었는데, 열람실 입구 양옆에 서 있는 커다란 동상 때문에 도서관보다는 박물관에 가까운 느낌이었다.

도서관을 나오려고 할 때 출입문 왼쪽으로 복도를 통해 이어진 건물이 보였다. 복도를 따라서도 여러 동상들이 줄지어 있었으며 무엇인지 알 수 없는 잉크와 서책들이 몇 개 전시되어 있었다. 도서관이 소장하고 있다는 손수 쓴 글씨 원고들 중 일부를 전시한 것 같다. 뮌헨을 벗어난 후에 알게 된 사실이지만 성당 옆에 Juristische Fakultät der Ludwig-Maximilians-Universität München 로스쿨이 있었는데, 방문할 기회가 있었다면 이 또한 좋은 경험이 되었을 텐데 아쉬움이 남는다.

다시 되돌아온 법원 앞에서 이번에는 문을 열어 보았다. 문고리에 손을 대자마자 문이 열렸다. 외관이 유럽의 여느 건물처럼 고풍스러워서 자동으로 열리는 문에 놀랐다(대부분의 독일 법원이 자동문이었다). 먼저 방문하였던 연방재정대법원과 마찬가지로 오른쪽 유리문 안쪽에서 경비원이 마이크를 통해 우리에게 말을 걸었다. 우리는 방문 목적을 말하였고, 경비원은 영어가 서툴러서인지 정면으로 보이는 출입 차단기 안쪽에 앉아 있던 직원을 불렀다. 그 여직원은 관람이 가능하더라도 2명으로 제한될 것이라고 하였다. 잠시만 기다리라는 말을 남기더니 이내 중년으로 보이는 여자 분과 함께 왔다.

다시 방문 목적을 말하였더니 흔쾌히 우리 가족을 법원 내로 들어오게끔 해주더니 직접 안내하고 설명까지 해주었다. 법원은 별다른 검색 없이 가방만 입구에 놓아두면 입장할 수 있었으며, 한 단의 계단을 올라간 후 복도를 따라서 여러 개의 방들이 배치되어 있었다. 각각의 방들이 재판이 이루어지는 재판정임을 설명해 주었는데, 모든 방에서 재판이 진행되고 있어서 재판정 안을 관람할 수는 없었다. 그러나 대신 판사들이 모여서 토론하는 방을 구경할 수 있었는데, 생각보다 크기도 작고 아무런 치장도 없는 탁자와 의자가 전부인 아주 소박한 방이었다. 법원에서의 직책을 물어보는 우리에게 중년의 여성은 '판사'라고 소개하였고, 생각지 못한 판사의 안내와 설명에 적잖이 놀랐다.

여성 판사와 함께

현재 뮌헨의 고등사회법원에는 5개의 재판정이 있으며, 보통 이민자들에 대한 문제를 다루고 있다고 하였다. 고등사회법원은 사회보험과 공적 부조에 대하여 발생한 소송의 항소심을 담당하는 법원으로 바이에른 주에는 7개의 사회법원이 라인 강을 따라서 지역을 분할하여 관할하고 있고, 바이에른 주 고등사회법원에서는 항소심을 담당하고 있다고 한다.

처음으로 들어와 보는 독일 법정이 조용하고 한적하며 판사의 태도도 너무나 친절한 것이 한국의 법정과는 사뭇 다른 모습이라고 말했다. 그러자 독일 판사들 또한 직업 특성상 주변 사람들과 격없이 지내지는 못하기 때문에 그 부분에 있어서는 아마도 큰 차이가 없을 거라고 대답해 주었다. 판사가 되기 위해서는 공부를 많이 해야 하고, 고등법원 판사가 되기 위해서는 하급 법원에서부터 진급을 위한 과정을 거쳐야 한다는 설명도 들을 수 있었다. 명함을 건네받고 기념 사진을 찍은 후 예상치 못했던 판사로부터의 친절한 설명에 흐뭇하고 기쁜 마음으로 법원을 나설 수 있었다.

점심 식사를 위해 어머니께서 출발 전에 인터넷 검색을 통해 선별하신 호프브로이하우스(Hofbrauhäus)로 가기 위해 마리엔 광장(Marienplatz) 역에서 지하철을 내린 후 열심히 지도를 보며 걸어갔다. 식당 앞에서부터 많은 한국인들을 볼 수 있었는데 뿐만 아니라 세계 각지에서 모인 관광객들이 식당 안을 가득 채우고 있었다.

식당 안에는 전통 복장을 입은 종업원들이 정신없이 왔다 갔다 하고 있었는데, 몇몇의 직원들은 얼굴보다 큰 프레첼(독일식 전통 과자)을 들고 다니면서 팔고 있었다. 건물 가득 묵직하고 흥겨운 관악기의 연주 소리가 가득했다.

유명한 메뉴라는 슈바인 학센과 소시지를 주문하였다. 양념이 베인 돼지고기인 슈바인 학센은 강하지 않은 맛이 좋았고, 삶아서 나온 소시지는 짜지 않아서 좋았다. 음식을 먹으면서 둘러본 식당 내부는 높은 천장과 화려한 벽화로 치장되어 있어서 많은 손님에도 불구하고 크게 복잡해 보이지 않았다. 한국에서는 호프브로이하우스가 슈바인 학센과 옥토버페스트로 유명하지만 그 외에도 여러 관심 있는 시설들이 있었다.

호프브로이하우스는 1592년에 영업을 시작했다고 한다. 홀에는 1,300명까지 앉을 수 있는 탁자가 있는데, 오래된 것들은 1897년 이래로 계속 이곳에 있다고 한다. 우리가 들었던 그 흥겨운 연주는 홀 중심에서 연주되는 음악 소리인데, 주말에는 주로 방문 밴드들이 연주한다고 한다.

미처 구경하지 못한 페스티벌 홀은 900명이 앉을 수 있으며 매일 전통

홀 중심에서 연주하는 밴드

호프브로이하우스 내부

적인 바이에른 춤과 민간에서 전해 오는 전통 공연이 열린다고 한다. 또한 밖에는 400여 명의 손님이 앉을 수 있는 색다른 분위기의 맥주 정원이 있다는데 서둘러 식사를 마치고 나온 우리는 식당 입구 오른쪽에 위치한 기념품 가게만 볼 수 있었다. 식사를 위한 공간으로 알고 찾아갔지만, 이

미 하나의 관광지로 자리잡은 듯
한 인상을 받았다.

  식당 앞에는 마임 공연을 하는
사람이 식당에 찾아오는 손님들
을 상대로 공연을 하고 있어서 유
명해진 식당이 여러 용도로 경제
적 효과를 만들고 있다는 것을 새
삼 실감할 수 있었다. 호프브로이
하우스에서 나오는 길에 화려하
고 멋진 건물 앞에 많은 사람들이
모여 있는 것을 발견했다. 뮌헨
시청사였다. 바쁜 일정으로 인해
가까이에서 둘러보지 못하고 멀

마임 공연

리서 그 화려함만 어느 정도 감상하고 지하철역으로 향했다.

  중앙역에서 지하철을 내려서 10여 개가 넘는 철길 위로 난 다리를 건
너고, 또 그 철길 옆의 한적한 오솔길을 따라서 고등행정법원을 찾아갔
다. 행정법원은 행정 분쟁을 다루는 법원이다. 이전에 들렀던 다른 법원
들과는 달리 투명하게 안이 들여다보이는 유리로 만들어진 현관문이 있
는 현대식 건물이었다. 또한 출입하는데 특별한 절차도 없었으며, 출입
하는 사람들을 통제하는 경비원이나 검색대도 없었다.

  사무실 안으로 들어서니 3명의 직원이 있었다. 방문 목적을 말하고 법
원을 구경할 수 있는지 물었다. 재판정 구경은 불가능하고 다만 1층은 둘

뮌헨 시청사

고등행정법원 대기실

독일에서 법을 만나다

러볼 수 있다고 했다. 특별한 제약 없이 1층을 둘러볼 수 있었다. 1층 벽에는 많은 그림이 전시되어 있었다. 전시회에 대한 안내문구가 어디에도 없었기 때문에 소품 장식용으로 걸어 놓은 그림이라고 짐작했지만 전시회라고 안내해도 될 만큼 많은 그림이 진열되어 있었다.

나중에 안 사실이지만 대기실 복도에 걸린 그림들은 전시회의 그림들이라고 한다. 복도와 대기실에서 자주 미술 전시회를 연다고 한다. 현관이나 복도만 구경하게 된다면 누구도 법원이라고 생각할 수 없는 건물이었다. 넓게 꺾여진 복도의 양쪽으로 방들이 있었고, 그곳이 재판정임을 짐작하게 해주는 게시물이 문 옆에 붙어 있었다. 이러한 종이 게시물은 고등사회법원에서도 볼 수 있었고, 재판장의 이름과 재판받는 사람의 이름 등이 적혀 있었다. 재판정에 대한 호기심으로 살짝 문고리를 돌려 보았지만 문이 잠겨 있어서 내부를 관람할 수는 없었다.

뮌헨에서 계획하였던 연방재정대법원, 고등사회법원, 고등행정법원의 관람을 마친 우리는 다음 행선지인 카를스루에로 가기 위해 다시 중앙역으로 향했다. 오후 3시 18분에 출발하는 기차를 탄다면 뮌헨에서 카를스루에까지는 3시간 35분이 소요된다. 사실 독일에서 기차로 이동하는 데 소요되는 시간은 언제 어떤 기차를 타느냐에 따라 달라지는데, 기차를 타기 전에는 그 이유를 알지 못했다. 기차를 타기 위해 처음으로 해야 할 일은 중앙역에서 유로레일 패스를 개시하는 일이었다.

오후 3시가 다 되어서야 중앙역에 도착한 우리는 서둘러 라커에서 짐을 찾고 나서 유로레일 패스를 개시할 사무실을 찾아보았다. S반 사무실이 보였고, 많은 사람들이 대기 중이었다. 우리 역시 대기표를 뽑아 들고

서 기다렸으나 오래지 않아 직원을 만날 수 있었다. 조급하게 움직이시기에 반드시 특정 시간에 타야 되냐고 여쭤 보았더니 아버지께서는 사실 기차표는 시간이 정해져 있지 않아서 늦으면 다음 기차를 타도 되지만, 잠도 못 자고 하루를 꼬박 여행하고 있는 일정이라 조금이라도 일찍 카를스루에에 도착해서 휴식을 취하는 것이 좋을 듯하고, 다음 기차는 약 1시간 뒤에나 출발한다고 하셨다.

표를 받을 때 아버지와 함께 서 있었는데 여권과 유로레일 패스를 전달받고 친절히 유로레일 패스에 여권번호 등을 기입하던 여직원은 갑자기 창구 끝에 위치한 다른 직원에게로 갔다. 한참 후에 자리로 돌아온 직원은 "패스에 여권

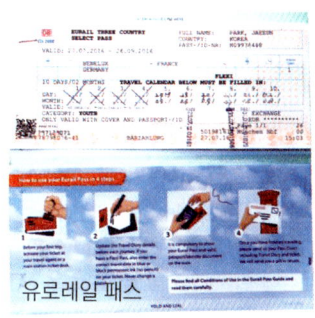

번호를 잘못 적어서 표를 바꾸어 왔다"며 아버지께 새로운 유로레일 패스 한 장을 보여 주었다. 원래 가지고 있던 표는 7일짜리 표로 날짜를 적을 7개의 빈칸이 있었는데, 바뀐 표에는 4칸이 추가가 되어서 앞에 4칸은 X 표시가 되어 있었다.

아무튼 7개의 빈칸이 있었으니 우리는 굳이 따질 필요가 없다고 생각했다. 그러나 사용자의 실수로 표기에 오류가 발생할 때에는 표를 바꿔주지 않으니 조심하라고 덧붙였다. 유로레일 패스에 개시를 위한 도장을 받은 후 각각의 표에 오늘 날짜를 적어 두고, 기차의 시간과 행선지까지 적은 뒤에 서둘러 플랫폼으로 향했다. 가끔 플랫폼이 바뀌는 경우가 있으므로 주의해야 한다는 얘기도 해주었다. 우리가 탈 ICE 514 기차는 1

독일에서 법을 만나다 37

번 플랫폼에 대기하고 있었다.

처음 타 보는 ICE는 우등고속처럼 두 사람씩 마주보는 좌석과 한 사람이 서로 마주보는 좌석이 3열로 배치되어 있었다. 1등석은 아주 넓었으며 한산하였다. 크게 붙여진 무료 와이파이 안내 표시를 보고서 동생들이 굉장히 즐거워했다. 그러나 와이파이는 거의 연결되지 않았다.

슈투트가르트(Stuttgart)에서 IC로 갈아타고 카를스루에(Karlsruhe)로 향했다. IC로 갈아타는 순간 우리 가족 모두는 실망했다. 왜냐하면 ICE와 다르게 IC의 1등석 좌석은 3인용 소파를 마주보게 배치해 두었고 객실은 가장자리 복도와 유리문으로 차단된 작은 방이었는데 물론 테이블도 없었다. 의자도 가죽이 아닌 직물 의자로 질 좋은 기차를 탈 때의 환상과 기대는 무너졌다. 독일은 기차 환승이 생각했던 것보다 훨씬 일상적이었다. 이후 우리가 이용했던 기차들도 거의 모두 환승을 해야만 목적지에 도달할 수 있었다. 목적지까지의 소요 시간이 달라지는 이유는 첫째, 기차의 종류에 따른 소요 시간이 다르고 둘째, 기차에 따라서 정차역과 환승역이 달라지기 때문인 것 같았다.

현지 시간으로 7월 27일 오후 7시 30분경에 숙소인 호텔(Löwe am Tiergarten Hotel)에 입실할 수 있었다. 호텔은 카를스루에 중앙역 바로 앞에 있어서 기차역을 나오면서 바로 찾을 수 있었다. 사실 호텔이라고 하지만 프런트는 한 사람이 앉아서 겨우 대화를 나눌 수 있는 정도로 작은 크기였고, 직원도 한 명밖에 보이지 않아서 실망스러웠다. 엘리베이터를 타기 위해서는 승강기 입구의 현관문을 다시 열고 들어가야 하는데 호텔 방 카드 열쇠가 있어야만 문을 열 수 있었다.

① ICE 내부
② IC 내부

독일에서 법을 만나다 39

승강기는 있었지만 요란한 소리와 함께 천천히 움직이다 보니 시간을 거슬러 올라간 것 같았다. 복도에 불이 없어서 어두웠지만 규모가 큰 호텔이 아니어서 무섭지는 않았다. 예약해 둔 5인실은 복층이었는데 아래층에는 보조 침대까지 있어서 3인이 쓸 수 있었고, 위층에는 두 사람이 넉넉히 누울 수 있는 커다란 침대가 있었다. 게다가 부엌까지 갖추고 있어서 취사도 가능하여 첫인상과는 다른 훌륭한 숙소였다.

대충 짐을 내려 두고 저녁 식사를 위해 호텔 밖으로 나갔다. 맛집을 검색하고 떠나온 여행도 아니고, 중앙역 앞에 위치한 식당들은 막연히 내키지 않아서 무작정 길을 따라 걸어 올라가 보았다. 그러나 중앙역에서 멀어질수록 상가는 더욱 드물게 보였다. 이러다가 저녁 먹을 시간조차 놓칠 것 같아서 낯선 길을 포기하고 돌아오는 길에 우리가 묵을 호텔 맞은편에 위치한, 사람들로 북적이는 술집을 겸한 식당으로 들어갔다. 간단한 식사를 주문했지만 그날 저녁 식사는 별로였다는 것에 가족 모두가 동의했다. 저녁 식사에 대한 아쉬움 때문인지 자연스럽게 중앙역 내 마트로 향하였다.

카를스루에 _ Karlsruhe
연방통상대법원 · 고등법원

 아침 9시에 연방통상대법원(이하 대법원)에서 가이드 투어가 예약되어 있어 서둘러 조식을 해결하고 호텔을 나섰다. 호텔이 중앙역 앞에 있었기에 어젯밤에 카를스루에 대중교통표를 구매하지 않았다. 독일에서는 대부분 버스나 트램 내에서도 매표가 되므로 프런트 직원에게 대중교통 노선을 확인하고는 호텔 앞에서 버스에 올랐다.

 버스 기사에게 다시 한 번 노선을 확인한 후 매표하려고 하였으나 기사는 우리에게 앉으라고 했다. 아마 버스 안에서 표를 구매하겠다는 우리의 영어를 잘 못 알아들었던 것 같았다. 버스 기사가 알려 준 정거장에서 내렸지만 목적하는 곳까지는 한참을 걸어야 했다. 정거장에서부터 예상치 못한 긴 거리를 걷게 되면서 여유 있게 출발했음에도 불구하고 9시까지 도착하기에 빠듯해졌다.

 하지만 목적지에 다다랐을 무렵 힘들게 걸어서 도착한 곳은 대법원이 아니고 연방헌법재판소라는 것을 알았다. 혹여 제시간에 대법원을 찾아가지 못할까 당황스러웠지만 서둘러 검색해서 찾아갔다. 다행히 대법원까지는 그리 먼 거리가 아니어서 9시 15분쯤 대법원 입구에 도착할 수

대법원 입구

있었다.

　대법원 입구는 차들이 출입할 수 있는 차단기와 현관이 전부였다. 자동차 차단기 부스에 있던 직원을 통해서 이곳이 대법원이 맞다는 것을 확인하고, 대법원으로부터 받은 이메일을 보여 주었다. 현관 입구에서 초인종을 눌러서 안에 있는 경비원에게 문의하라고 하였는데 이번에도 마찬가지로 건물 안을 들여다볼 수 없게 되어 있었다. 9시에 가이드 투어가 예약되어 있다고 하자 9시가 지났으니 9시 40분에 다시 오라는 말이 인터폰으로 전해졌다. 우리는 그 짧은 시간에 낯선 동네를 돌아다니기보다는 그냥 현관 앞에 앉아서 기다리기로 했다.

연방통상대법원은 독일의 민형사 재판의 최고 법원으로서 1950년 10월 1일 카를스루에에 설립되었다. 대법원의 업무는 일반적으로 법률의 오류라는 관점으로 하급법원의 심판을 다시 살펴보는 것이다. 몇 가지 예외를 제외하고 대법원은 항소 법원 역할을 하는데, 민사의 경우 담당은 법률 분야에 따라 12개의 패널에게 할당되고, 형사의 경우 담당 할당은 주로 지역적 범위에 의해 4개의 패널에게 할당된다. 민사 소송에서는 대법원에서 면허가 주어진 변호사만 답변서를 제출할 수 있는데, 이들은 대개 다른 법원에서 근무하는 것이 금지되어 있고 현재 45명의 변호사들만이 대법원에서 면허가 부여되어 있다.

대법원에서 변호사 면허를 받으려면 적어도 35세 이상이어야 하고, 적어도 5년 동안 영속적으로 법률 업무에 종사하여야 하며, 대법원의 변호사 선거위원회가 지명해야 한다. 위원회는 연방대법원장, 민사배심원단의 주재판사, 독일 연방변호사회와 연방법원변호사회의 주재 위원회의 위원으로 구성되는데, 선거위원회가 지명한 변호사의 가입 적용은 연방장관에 의해 결정된다.

형사 소송에서는 독일에서 면허를 받은 변호사나 사법 사무실을 보유할 자격이 있는 독일 대학에서 법을 강의하는 어떠한 강사도 피고에 대한 변호인 또는 연방 법원들에 의해 열리는 사건들에 있어서 공동 원고의 대표로서의 역할을 할 수 있다.

대법원의 구성원은 판사선발위원회(Judegs Election Act)에서 추천하고 대법원장이 지명하는 것으로, 판사선발위원회와 공동으로 연방장관이 임명한다는데 판사선발위원회는 16개의 연방주의 법원장과 독일 연방

국회(Bundestag)에서 선택된 16명의 회원으로 구성된다.

(출처 : 연방통상대법원 홈페이지)

　정확히 9시 40분에 다시 초인종을 눌렀고, 경비 초소 내부로 들어갈 수 있었다. 경비원은 유창한 영어로 우리와 대화하였고, 우리에게 여권을 줄 것을 요구한 후에 방문자 명찰을 5개 주었다. 그리고는 모든 가방과 핸드폰을 사물함에 보관할 것을 요구하였다. 그런 뒤에야 경비원을 따라서 법원 경내로 들어갈 수 있었다.

　햇살이 좋은 날이기는 했지만 법원 경내에는 아주 잘 정돈된 조용한 정원이 있었고 정원 둘레로 몇 개의 건물이 배치된 아늑한 곳이었다. 그 중에서도 아주 고풍스럽게 보이는 한 건물 안으로 경비원을 따라 들어갔고, 한번 더 다른 경비원 사무실을 거쳐서 또 다른 경비원의 안내로 조용한 로비에 앉아서 기다리게 되었다. 잠시 후 우리는 한 방으로 안내되었는데 우리나라에서 가 보았던 법정 모습과 사뭇 다른 그곳이 법정이라고 알려 주었다. 경비원은 재판이 끝날 때까지 우리와 함께 앉아 있었다.

　그곳에는 2명의 변호사가 방청석 제일 앞쪽에 따로 놓여진 책상에 나란히 앉아서 대화를 나누고 있을 뿐 그들 외에 아무도 없었다. 그리고 잠시 뒤 사무원이라는 나이가 지긋한 여자가 들어와서 재판석의 가장 왼쪽 자리에 앉았고, 재판이 시작되기 바로 직전 젊은 여자 2명이 들어와서 방청석 왼쪽 가장 앞자리에 앉았다. 재판이 끝난 후에 경비원에게 물어보니 하급법원 판사들로 대법원에서 수습 과정을 밟고 있다고 하였다.

　우리를 방으로 안내한 경비원은 재판관이 입장할 때 우리에게 일어서

도록 미리 일러 주었다. 5명의 재판관이 입장한 뒤에 판사석의 가장자리에 앉아 있던 여직원은 재판정을 나갔다. 재판관들은 가운데 자리의 주심을 중심으로 좌우로 정해진 서열에 따라 앉는다고 했다.

재판은 주심재판관이 뭔가를 한참 동안 낭독하는 것으로 시작했고, 그 후에 2명의 변호사가 번갈아서 변론하는 듯했는데, 먼저 변론을 시작한 조금 더 젊어 보이는 변호사는 거침없이 변론을 이어갔다. 큰 키에도 불구하고 가끔 발뒤꿈치를 드는 습관이 있었지만, 정말 한 치의 망설임 없이 일사천리로 변론을 이어 갔다.

다음으로 변론을 시작한 변호사는 조금 더 나이가 있어 보였는데, 이전 변호사보다는 조금 느린 말투로, 조금 더 부드럽게 변론을 이어나갔으며, 가끔 말을 멈추었다가 다시 이어 나갔다. 변론이 끝난 뒤에 판사들이 간단히 각 변호사에게 하나씩 질문을 하였고, 변호사들은 이에 답변하고, 주심이 끝맺는 말을 이어 나간 뒤에 재판은 끝이 나는 듯했다.

재판이 진행되는 동안 두 변호사의 태도가 너무나 자유로웠다. 기침도 하고, 다리를 꼬고 앉아 있기도 하고, 책을 뒤적이기도 했다. 또한 5명의 재판관이 변론을 듣는 자세는 너무나 진지하였다. 진중하고 엄숙한 분위기에서 재판이 진행되었다. 재판이 끝난 뒤 재판정을 안내했던 경비원에게 재판정 앞에 붙어 있던 재판에 대한 안내문 종이를 달라고 했더니 흔쾌히 내주었다. 대법원에서 변론할 수 있는 변호사는 총 45명밖에 되지 않는다고 설명했으며 대법원에는 4개의 건물이 있다는 간단한 설명도 덧붙였다.

재판정을 나온 우리는 또다시 처음 만났던 출입구의 경비원이 올 때까지 건물에서 기다렸다가 그의 안내를 받아서 출입문까지 함께 나왔다. 나오는 길에 그 경비원은 지난달 자신의 딸이 제주도를 방문했었다는 이야기를 하였다. 이렇게 30여 분 대법원 재판 과정 견학을 마치고 끝내 사진 한 장을 남기지 못한 아쉬움을 건물 울타리 너머로 한 번 더 둘러보는 것으로 달래야 했다. 그러나 아쉽게도 건물은 나무와 철조망으로 둘러싸여 있어서 외부에서는 경내를 구경하기조차 힘들었다. 거의 모든 법원들의 보안이 철저하고 그만큼 엄숙하고 보호받는 공간이라는 생각이 들었고 그러한 곳에서 일하고 싶다는 욕심이 더 강해졌다.

오전에 계획된 일정이 다 마무리되었기에 할 일 없이 골목길을 누비고 다녔다. 눈에 띄는 가방가게에 들어가서 한참을 둘러보고는 독특한 디자인이 마음에 드는 가방 하나를 구매하였다. 다른 일정에 앞서 아침에 구매하지 못했던 대중교통표를 구매해야 했는데 가족 모두가 이동하기에는 복잡하다는 판단하에 우연히 들어간 쇼핑몰에 가족 모두를 남겨 두고 아버지께서 혼자 대중교통표(가족 단위의 표)를 구입하기 위해 중앙역으로 향하셨다(사실 자동매표기로 가족표의 구입이 가능한지는 확인하지 않았다. 그랬다면 굳이 중앙역까지 갈 필요가 없었는데…). 중앙역에서 이틀짜리 가족표를 구입하고 오신 아버지를 포함하여 쇼핑몰 지하 푸드코트에서 가족들과 점심 식사를 하였다.

다음 일정인 고등법원을 찾아 트램을 탔다. 트램에서 내려 지도를 따라 근사하게 보이는 건물 앞에 다다랐으나 어디에도 법원이라는 표지판이 보이지 않았다. 표지판을 확인할 수 없었지만 당연히 법원일 것이라고 생각하며 초인종을 누른 후 방문 목적을 말하였더니 '교도소'라는 답

교도소 건물

변이 돌아와서 당황스러웠다. 사실 법원이 아닐 수는 있었지만 시내 한복판에 이런 고풍스런 건물이 교도소라고 하니 적잖이 놀랐지만, 재판을 기다리는 죄수나 재판이 끝나고 교도소로 이송을 기다리는 죄수들이 며칠씩 머무르는 곳이라고 한다.

마침 건물 안으로 들어가는 사람이 있어서 열린 문을 통해 들여다볼 수 있었던 내부에는 교도소임을 짐작케 하는 쇠창살이 보였다. 다시 구글 지도를 살펴보면서 바로 옆에 붙어 있는 고등법원을 찾아갈 수 있었다.

햇볕이 잘 드는 남향의 고등법원 건물에서는 현관으로 들어가는데 아무런 제재가 없었다. 현관에서 유리창 너머 직원에게 방문 목적을 이야기하자 한 중년 남자가 다가왔다. 그 직원은 "시내에 대법원이 있으니 그쪽으로 구경을 가는 것이 더 좋겠다"라는 이야기를 건넸고, "이미 오전에 대법원을 다녀왔으며 지금은 고등법원을 둘러보고 싶다"는 뜻을 전했다. 그는 흔쾌히 우리를 안내해 주었다.

  법원은 인부들이 창틀에 매달려 작업하고 있었고, 재판정 내부도 공사 비닐로 탁자들이 덮여 있어 어수선하였다. 재판정에는 판사석으로 보이는 의자가 5개 정도 배치되어 있었고, 그 앞으로 판사석과 마주보는 아마도 변호인들의 자리인 듯한 몇 개의 좌석과 방청객을 위한 수십여 개의 의자가 있었다. 이렇게 소박하고 작은 재판정이 2층에 몇 개 있었다. 재판정 두 곳을 둘러보았는데 모두 뒷벽에 여러 인물의 그림 액자가 걸려 있었다. 우리는 이 법원의 전직 판사들임을 직감할 수 있었다.

  직원은 우리를 도서관으로 안내해 주었다. 2개의 방 안에는 우리 키보다도 훨씬 높은 책꽂이에 가득 채워진 법률 관련 서적이 있었다. 대법원에는 더 큰 법학 도서관이 있다고 했다. 그 외에도 건물 곳곳에 장식되어 있는 여러 문장을 구경할 수 있었다. 현관에는 비탄에 빠진 정의의 청동상과 카를스루에의 조각가 칼 디트리히의 동상이 있었으며 제1차 세계대전에서 사망한 사람들을 위한 추념비가 있었다. 아쉽게도 재판 관람은 허락되지 않았다.

  카를스루에 고등법원은 민사, 가사, 형사 사건의 항소를 담당하는 법원으로 91명의 판사가 있다고 한다. 하위법원으로 9개의 지방법원과 라인 네비게이션 법원이 있다고 한다.

  남은 시간을 낭비하지 않기 위해서 우리는 어머니께서 미리 방문을 계

① 재판정 모습
② 법원의 전직 판사들 액자

독일에서 법을 만나다 49

획해 두셨던 ZKM(Zentrum fur Kunst und Medien, 예술미디어센터)으로 부지런히 발길을 돌렸다. 출입문 옆에 세워진 웅장한 건물은 통유리로 되어 있어서 사람들의 눈길을 끌기에 충분하였다.

ZKM은 1989년에 이전의 군수 공장이었던 부지에 설립된 문화 공간이다. 2개의 박물관, 3개의 연구기관, 1개의 미디어센터뿐만 아니라 여러 개의 전시 공간이 있다고 한다. 군수 공장이었던 부지라는 것을 알게 되자 2가지가 이해되었다. 하나는 넓은 부지와 건물의 규모였고, 다른 하나는 건물 앞마당에 그려진 커다란 비행기 그림이었다.

건물에 들어서니 2개의 큰 관람관이 있고 각각의 주제에 맞추어 전시와 체험을 할 수 있는 시설이 있었다. 각각의 전시장에 대한 매표를 따로 해야 한다고 하기에 우리는 미디어 전시장을 선택하였고, 약 1시간 30분이 소요된다는 안내를 받았다. 6시에 문을 닫는다고 하니 대략 2시간 정도 남아 있어서 시간은 충분할 거라고 생각했다.

오랜 시간 관람에 방해를 받지 않기 위해 일단 가방을 라커에 보관하고 관람을 시작하였다. 매표소 앞쪽으로 2개의 신기한 전시 공간이 자리하고 있었다. 어두운 방 가운데 조명이 들어오는 공간으로 물방울이 하늘에서 떨어지는 작품을 보고 있노라니 물방울이 천장에서 떨어지는 것인지 바닥에서 위로 솟아오르는 것인지 헷갈리기도 했고, 때로는 물방울이 정지한 것처럼 보이기도 했다.

한참을 전시물에 빠져 있던 우리는 한쪽 구석에 검은색 정장 차림의 직원이 앉아 있는 것을 보고 깜짝 놀랐다. 우리 가족들이 이리저리 작품 주위를 돌아다니며 대화를 나누면서 관람하는 중에도 한마디 관여치 않고

ZKM(Zentrum fur Kunst und Medien)

ZKM 내 매표소

전시물

앉아 있어서 전혀 눈치채지 못했던 것이다.

다른 전시 공간에는 둥근 방 안의 360도 벽면 모두를 스크린 모니터로 사용할 수 있는 컴퓨터가 있었는데, 영화에서 보았듯이 수십 개의 화면 창을 동시에 띄워 놓고 작업할 수 있어서 검색작업하기가 너무 수월했다.

먹물 같은 검은색 가루들이 한 치의 흐트러짐 없이 지속적으로 천장에서 떨어지는 전시 또한 한참 동안 우리를 붙잡아 두었다.

3개 층으로 이루어진 전시실은 새로운 문물에 대한 소개도 있었으며, 시각의 오류를 꼬집는 전시, 과학기술을 활용한 전자오락의 과거를 보여주는 전시, 다양한 설치미술 등을 보여 주었다. 그림자로 비쳐지는 물방

전시물

오락

울을 우리가 터치하면서 다시 공중으로 띄워 올리는 게임도 관람자를 전시의 일부로 참여시키는 독특한 아이디어를 보여 주고 있었다.

3층까지 이르는 방대한 전시 공간들로 인하여 우리는 6시를 넘기고서야 관람을 마무리하였다.

인터넷 검색으로 찾은 카를스루에 최고의 맛집이라는 지중해식 식당과 낮에 보아 두었던 일식집을 두고 가족들이 투표를 진행하여, 우린 일식집으로 향했다. 그러

벽면 모니터

나 저녁 식사 시간에 딱 맞춘 일식집은 이미 사람들로 가득차 있었다. 할 수 없이 지중해식 저녁을 먹기 위해 발길을 돌렸다. 카를스루에 최고의 맛집에서 사들고 간 물조차 눈치를 보면서 먹었던 우리의 저녁 식사는 맛에 대한 특별한 감동 없이 끝났다.

식당을 나오면서 잠시 내렸던 비는 우리에게 독일에서 처음으로 보는 무지개를 선물하였고, 기분 좋게 버스정거장에 도착하였다. 그 와중에 동생이 모자를 식당에 두고 왔다고 했다. 아버지께서는 3분 남은 버스 도착 시간을 보시더니 (대부분의 정거장에서 트램이나 버스의 도착 시간을 알려 준다) 동생과 함께 식당으로 뛰어가 다행히 모자를 찾아서 버스가 도착하기 전에 돌아오셨다.

카를스루에 _ KARLSRUHE
연방헌법재판소

서둘러 아침 식사를 했다. 오후에는 뉘른베르크로 이동해야 하니 식사 시간에 맞추어 체크아웃하면서 프런트에 짐을 맡겼다. 어제 실수로 이미 한 번 방문했던 연방헌법재판소는 9시에 방문하기로 예약되어 있었다. 호텔의 아침 뷔페는 야외 테이블을 이용할 수 있는데, 유난히 새소리가 많이 들렸다. 둘러보니 홍학도 여러 마리 있어서 깜짝 놀랐는데 나중에

호텔 옆 동물원

알고 보니 호텔 바로 옆에 동물원이 있었다. 호텔에서는 잠만 자고 아침 일찍 서둘러 나와야 하는 카를스루에에서의 바쁜 일정 때문에 호텔 주변에 있는 동물원조차 구경할 시간이 없었다.

서둘렀음에도 불구하고 연방헌법재판소에 도착한 시간은 거의 9시가 되어서였다. 연방헌법재판소는 카를스루에 왕궁의 오른쪽에 자리잡은 현대식 건물이었다. 그런데 다른 법원들과 다르게 아주 오래된 쇠사슬로 입구가 막혀 있었으며(아마도 쇠사슬은 왕궁의 일부인 듯한데, 이것을 그냥 연방헌법재판소의 경계쯤으로 사용하는 듯했다) 무장 경찰들이 경비를 서고 있었다.

조금 위압감이 들었지만 아버지와 함께 무장 경찰에게 다가가서 연방헌법재판소로부터 받은 이메일을 보여주고 방문 목적을 말했다. 그러나 그 경찰은 방문자에 대한 아무런 연락을 받지 못했다며 들어올 수 없다는 대답만 하였다. 당황스러웠지만 이메일에 있는 번호로 전화를 걸었

연방헌법재판소

다. 전화는 응답이 없었다. 휴대폰을 들고 홈페이지를 찾아서 '프레스'로 남겨진 번호로 전화를 걸었다. 남자가 전화를 받았고, 자초지종을 설명했더니 창문으로 우리가 보인다며 우리에게 일단 오겠다며 전화를 끊었다.

전화를 받았던 남자와 다른 여직원이 함께 나왔고 남자 직원은 나에게 이메일 답장을 보낸 당사자라고 했다. 직원의 설명은 다른 단체 방문객이 있다면 함께 가이드 투어가 가능할 것이라고 답장을 보냈는데, 내가 그것을 9시에 오면 가능하다고 오해했다는 것이다. 힘들게 왔는데 완강하게 방문을 거부당하니 기분이 썩 좋지 않았지만 안 된다고 하니 아쉽지만 건물만 구경하고 돌아설 수밖에 없었다. 직원은 왕궁 정원이 연방헌법재판소 뒤뜰로 연결되니 구경을 하라고 권하였다. 우리는 여기까지 왔으니 카를스루에 왕궁을 구경하기로 했다.

연방헌법재판소는 2개의 상원으로 구성이 되는데, 각각은 8명의 판사로 구성된다. 판사의 절반은 연방상원에 의해 선출되고, 절반은 연방 하원에 의해 선출되는데 각 상원의 재판관 중 3명은 연방최고법원(연방대법원, 연방행정법원, 연방재정대법원, 연방노동법원 및 연방사회법원)에서 선출하며 재판관의 조건은 40세 이상으로 독일법에 의거하여 법률사무소를 열 수 있는 자격이 있어야 한다. 재판관의 임기는 12년이며 은퇴 연령은 68세이고 연임은 없다. 각 상원은 각각의 권한을 가지고 있지만 판결은 '연방헌법재판소' 이름으로 결정한다. 각 상원에는 3인으로 구성되는 위원회가 있는데, 이곳에서 소송의 약 99%를 결정한다. 연방헌법재판소에는 판사들 이외에도 약 260명의 사람들이 업무를 도와주고 있다.

1951년, 법원은 프린츠 막스 궁전(Prinz-Max-Palais)에서 업무를 시작했는데 1900년에서 1918년 사이에 이곳에서 살았던 Prince Max of Baden의 이름에서 따왔다. Prinz-Max-Palais는 곧 너무 작게 느껴졌고 1965년 봄 2차 세계대전 중 파괴되었던 궁전 광장과 식물원 사이의 극장 자리에 베를린 건축가 파울 바움가르텐(Paul Baumgarten)의 설계로 새로운 개방형 건축물 공사가 시작되었으며 1969년 봄에 새로운 건축물로 이전했다.

'바움가르텐 빌딩(Baumgarten building)'은 5개의 부속건물로 구성되며, 그들은 70m 이상 길이의 직선 통로에 의해 연결된다. 가장 높은 건물은 법정 건물로 유리벽을 통해 몇 톤의 무게가 나가는 연방 독수리를 볼 수 있다. 인접한 판사 건물은 강철 기둥으로 된 바닥 위에 떠 있다. 첫 번째 상원의 사무실과 심의 객실은 1층에 위치하고 있고 두 번째 상원의 사무실과 심의 객실은 2층에 위치하고 있다. 식물원을 바라보는 통로의 다른 쪽에는 도서관 건물이 있으며, 사무원의 거처와 사무공간을 위한 건물이 더 있다.

(출처 : 연방헌법재판소 홈페이지)

연방헌법재판소 뒤로 돌아가는 산책로를 따라 넓고 한적한 정원이 펼쳐져 있었다. 연방헌법재판소 뒤뜰은 문을 통하여 궁의 뒤뜰로 연결되는데, 면적이 하도 넓어서 우리는 일부만 관람하였는데 많은 사람들이 자전거를 타기도 하고, 달리기를 하기도 하여 마치 한강에 놀러 나온 많은

왕궁 뒤뜰

사람들을 마주하고 있는 느낌이었다. 산책 중에 안 사실이지만 정원 안에는 관광열차가 있었다. 마치 제주도의 에코랜드처럼 독일 기차 회사에서 운영하는 관광열차가 있다는 것이다. 그러나 아쉽게도 열차는 계절에 따라 운행시간을 달리하는데, 안내판에 따르면 요즘 시기에는 오후에만 운행한다고 했다.

정원에서는 멀리 호수도 보였다. 가로로 길게 뻗은 길을 가로질러 간간이 세로로 된 오솔길로 사람들이 지나다니고 있었다. 자연을 즐기기에는 더없이 좋은 날씨와 숲이었지만 시간적 제약과 다리가 불편한 여동생을 배려하여 왕궁의 일부만 감상하는 것에 만족하였다.

왕궁 앞은 수리가 한창으로 크레인들이 몇 대 보였다. 왕궁 안으로 들어가 구경하는 것이 가능할지 문을 열어보았지만 잠겨 있었고 굳이 들어가려는 의지가 없었기에 다른 출입구를 찾으려는 노력은 하지 않았다.

왕궁의 정면으로도 거대한 운동장만 한 넓은 잔디밭이 있었는데, 그 사이사이로 물길이 조성되어 있었고, 길게 늘어선 수십 개의 조각상이 있어서 마치 성을 감싸고 있는 듯한 느낌을 주었다. 왕궁에서 도시를 바라보면 일직선으로 뻗어 있는 길 양쪽으로 고풍스러운 건물들이 가지런히 정렬하여 훌륭한 경치를 제공하며, 정원의 가장 앞쪽에는 아마도 왕궁을 건립한 사람으로 추측되는 동상이 커다랗게 자리 잡고 있었다.

왕궁 앞에 피라미드가 있었는데 공사 중이라 어수선한 공사장 너머로 피라미드 형태만 볼 수 있었다. 피라미드 주변에 타운홀이라는 시청 별관쯤의 건물이 있었는데 이곳에는 최초의 자전거(페달이 없는)가 전시되어 있었으며, 최초의 자동차 모형(Benz 사)과 카를스루에 도시를 설계한 사

① 정면에서 본 카를스루에 왕궁
② 공사 중인 피라미드
③ 최초의 자전거

람의 동상이 있었다.

  오후에는 다른 도시에서의 법원 방문 일정이 없었기에 카를스루에에서 시간을 더 보내기로 하였다. 시내에서 우연히 커다란 익룡 모형을 발견하였다. 카를스루에 자연사박물관이었다. 이곳은 독일 최대의 자연사박물관으로 서식지의 실제 환경을 그대로 만들어서 자연스럽고 이국적인 야생 동물의 생활을 보여 준다고 한다. 한국에서도 자연사박물관을 여러 차례 관람한 적이 있어서 큰 호기심은 없었지만, 건물 밖에 전시해 놓은 익룡 모형이 콘크리트 동상이 아니라 박제에 가까웠기에 신기했다.

  고래에 대한 특별전시회도 열리고 있었다. 입장은 현관을 통해서 2층부터 관람하게 되는데, 2층으로 올라가면서 천장에 매달린 날아가는 모양의 커다란 익룡도 볼 수 있었다. 2층에는 공룡에 대한 많은 전시물들이 있었다. 작은 공룡 모형이라든가 공룡 화석들이 전시되어 있었으며, 익

카를스루에 자연사박물관

룡만큼이나 눈길을 끌었던 바다코끼리 박제도 있었다.

고래 특별전시회장 입구에는 혹등고래의 머리 부분 모형이 전시되어 있었는데, 특히 입을 중심으로 머리 부분만을 커다랗게 모형으로 전시하고 있었다. 아마도 고래가 포유류로서 심장을 가지고 있다는 특징을 보여주려는 듯한 고래의 심장 모형과 고래의 성기와 커다란 고래 뼈를 통째로 전시해 둔 것이 사뭇 시선을 끌었다.

특히 눈에 띄었던 전시는 고래를 살기 힘들게 하는 해양 오염에 대한 전시였다. 어느 수족관이나 박물관에서도 볼 수 없었던 독특한 주제였다. 곤충을 전시하는 공간에서는 우리나라와 마찬가지로 다양한 곤충

해양 오염에 대한 전시물

박제 사자들

을 전시하고 있었지만, 한 가지 뚜렷한 차이점이 있었다. 전시 공간이 넓다는 것이다. 예를 들어 개미를 전시한 공간에서는 개미들이 나뭇잎을 옮겨서 개미집으로 가져가는 것을 모두 볼 수 있도록 개미집을 나무까지 연결하여 전시하고 있었다.

또한 정글에 사는 사자와 같은 동물을 전시해 놓은 공간에는 진짜 흙과 돌로 자연 그대로를 연출하고, 여러 동물들의 박제를 전시하여 사진만 잘 찍어 놓으면 정글이라고 해도 믿을 정도였다.

새들을 전시하는 공간도 마찬가지로 단순하게 새들만 전시하는 것이 아니라 그들의 둥지며 먹이, 새끼들까지 실제 새들이 살고 있는 환경을 그대로 만들어 전시하고 있어서, 마치 새들의 자연 서식지를 관찰하는 것과 같은 느낌을 받게 했다. 쥐를 전시하는 공간도 있

있는데 다양한 쥐들이 하수도나 굴뚝 같은 곳에서 어떻게 거주하는지 그들의 서식환경과 함께 전시되어 있었다. 올빼미 같은 새들이 먹잇감으로 둥지에 쥐를 잡아다 놓은 모형도 그대로 보여 주어서 실감나는 전시를 볼 수 있었다.

보석과 광물도 전시되어 있었는데, 땅을 파고 내려가서 광물을 캐어 내는 토지의 단면을 그대로 가져다가 전시를 하는 것도 놀라운데, 땅을 파는 데 필요한 작업 도구도 현실감 있게 전시하고, 산에서부터 돌이 하천을 타고 내려와서 모래로 변하는 과정도 순서대로 전시하는 등 우리나라와는 다른 전시 방법이었다.

라인 강 상류 지역의 바위, 화석과 미네랄을 전시하여 방문자에게 이

광물 전시 구역

지역의 지질학적 역사의 독특한 면을 제공한다고 한다. 전시장 입구에는 접이식 의자를 두어서 관람 도중 휴식을 편히 취할 수 있도록 배려하는 모습도 인상적이었다(이러한 배려는 뉘른베르크 전범재판소에서도 볼 수 있었다). 어류를 전시하는 공간에는 수족관에 거북과 악어 등도 물고기와 같이 사육하고 있었다. 수조를 정리하면서도 관람하는 학생들과 격의 없이 대화를 나누고 질문에 대답을 해주는 직원의 모습에서 관람객을 배려해 주는 느낌을 받았다. 전시 관람을 통해 독일만의 박물관 전시 특징의 장점을 배울 수 있었다.

카를스루에 자연사박물관은 영구 전시뿐만 아니라, 임시 특별전시회를 통해 폭넓은 주제를 다루고 있다고 한다. 또한 박물관의 교육 프로그램은 모든 연령 그룹을 목표로 하고 후원자 모두에게 뭔가를 제공하고 있다고 한다. 이곳 과학자들의 출판물과 전문 지식은 생태와 경제 문제에 대한 정치적 의사 결정을 지원하기 위해 데이터와 사실의 기초를 제공함으로써 독일과 해외의 자연보호 당국의 작업을 수행한다고 한다.

자연사박물관을 마지막으로 카를스루에 일정을 마친 우리는 점심 식사를 위해 어제의 그 일식집으로 향했다. 다행히 방 하나가 비어 있어서 오랜만에 익숙한 아시아 음식을 접할 수 있었다.

15시 06분에 출발하는 IC를 타고 뉘른베르크로 향했다. 우리가 실망스러워했던 IC는 이번에는 미리 좌석을 예약한 승객으로 인해서 몇 번이나 빈 좌석을 찾아 옮겨다녀야 했으며, 가족이 따로 떨어져 앉을 수밖에 없었다.

3시간 10분여의 기차 여행 끝에 도착한 뉘른베르크의 숙소(Hotel

Marienbad)는 중앙역 바로 옆에 있었다. 찾기도 어렵지 않았다. 프런트 벽에 여러 외국인의 사진과 사인이 걸려 있어서 직원에게 물어보니, 나름 독일에서 유명한 사람들인데 호텔에 묵었을 때 받은 것이라고 했다.

  5인이 투숙할 수 있는 객실이 없어서 하는 수 없이 객실을 2개 예약했었다. 부모님께서 붙어 있는 방을 달라고 요구하셨으나 복도를 따라 조금 떨어져 있었다. 3인실과 2인실을 배정하느라 이럴 수밖에 없다고 했다. 부모님은 나와 여동생 둘만이 한 방을 쓰게 된 것을 걱정하셨지만 이것 또한 좋은 경험이라고 생각했다.

  저녁 식사를 위한 식당을 찾아 나서기에는 시간도 늦었고, 근처에 식당도 보이지 않아서 중앙역 지하에 위치한 마트로 향했다. 슈퍼마켓과 유사한 작은 마트였는데, 롤처럼 생긴 김밥을 팔길래 밥이 먹고 싶은 생각에 물과 함께 구입하여 간단한 저녁 식사로 하루를 마쳤다.

뉘른베르크 _ NÜRNBERG
전범재판소 · 고등노동법원

 여행을 떠나기 직전에 뉘른베르크 전범재판소로부터 7월 30일 토요일 오후 2시에 가이드 투어가 가능하다는 답장을 받았다. 처음부터 관광 목적의 여행이 아니었기에 오전 일정은 뉘른베르크에서 당일 결정하였다. 고민 끝에 가장 뉘른베르크다운 모습을 보기 위해 뉘른베르크 성 관광으로 오전 일정을 결정하였다. 트램과 버스를 이용하여 도착한 후에도 언덕을 조금 걸어 올라가서야 성에 도달할 수 있었다. 걸어서 올라가는 길이 그리 멀지 않았음에도 길가에 보이는 많은 고풍스런 건물들이 오래된 도시임을 짐작케 해주었다.

 바이에른 주의 뉘른베르크 성은 뉘른베르크의 상징이라고 한다. 역사 문서에 1050년 왕실 재산으로 처음 언급되었고, 중세 후기에는 '가장 뛰어난 최고의 위치에 있는 도시 왕국'으로 평가되었다고 한다. 1934년, 원래의 내부와 네오고딕 양식을 교체하는 작업이 이루어졌으나, 1945년에 실질적으로 전체 제국 성은 폐허 위에 있게 되었다고 한다. 그러나 다행히도 중요한 로마네스크와 후기 고딕 양식의 섹션은 거의 상처 없이 살아남아서 전쟁 이전과 같이 거의 정확하게 성을 재건할 수 있었다고 한다.

뉘른베르크 성은 매표할 필요 없이 구경할 수 있었으나 표를 구매하면 내부의 전시물을 구경할 수 있었다. 매표소 입구에서는 뉘른베르크 성의 초기부터 지금까지의 축조 과정과 파괴되고 다시 축조되는 과정을 시대의 흐름에 따라 재구성한 다큐멘터리가 방송되고 있어서 관람객들에게 성에 대한 이해를 도와주었다.

내부 전시물 구경을 위해 입장한 1층에는 정말 흥미로운 구경거리가 있었다. 음악 소리가 울려 퍼지면서 벽면의 가장자리 윗부분에서 인형들이 행진을 하면서 이야기가 전개되고 있었다. 아마도 뉘른베르크 성과 관련된 시대사인 듯하였다.

성에서의 상설 전시는 바이에른 궁전부에 의해 2013년 뉘른베르크 박물관과 함께 새롭게 디자인되어 역사적 맥락에서 요소와 기능에 대한 명확한 설명뿐 아니라 모든 연령대의 방문객에게 어필할 수 있는 생생하고 흥미로운 형태의 독일 제국의 신성 로마제국에 대한 정보와 중세 후기에 뉘른베르크의 역할에 대한 설명을 보여 준다고 한다. 내부 전시관은 한 번도 동선의 꼬임 없이 잘 진행되었는데, 3층짜리 건물 2~3개 동이 모두 연결되어 왕실의 보물과 생활용품 등을 전시하였고, 중세 기사들의 장비와 무기 등도 전시하고 있었다.

간혹 창문에는 눈동자 표시와 더불어 창밖에 보이는 지형지물에 대한 안내가 적혀 있었다. 과거에 이 창을 통해서 외부의 중요한 지형지물을 관찰했다는 것을 알 수 있었다. 박물관 곳곳에 직원들이 있었지만 질문에 답변을 해주는 정도의 안내만 해주어서 직원에 의한 관람의 방해는 전혀 없었다. 박물관의 마지막 코스는 중세 기사들의 장비와 무기에 대한

뉘른베르크 성 내부 전시장

뉘른베르크 성 내부 전시장

전시였는데, 함께 구경하던 동생들과 내가 속도가 늦어지자 아버지께서는 그곳의 직원과 대화를 나누고 계셨다.

관람 후 아버지께서 타워에서 진행하는 가이드 투어가 있는데 우리가 늦게 관람을 마치고 나오는 바람에 가이드 투어 시간을 맞출 수 없었다고 하셨는데 타워로의 입장은 가능하였다. 관람객 수에 제한을 두어서 개찰구를 통과하면 모니터에 입장이 가능한 인원이 감소되어 카운트가 되고 있었다.

다행히 아직 7명 입장이 가능하다는 표시를 보고 계단을 통해서 타워에 올라가 보았다. 좁은 원통형 계단을 한참 걸어 올라가서야 멋진 풍경을 감상할 수 있었다. 360도로 펼쳐지는 전망대에서는 뉘른베르크 시내

고등노동법원

전경을 감상할 수 있을 정도로 타워보다 높은 건물은 보이지 않았다.

뉘른베르크 성만 관람하였는데도 몇 시간이 훌쩍 지났다. 전범재판소를 방문하기에 앞서 고등노동법원을 찾아가 보았다. 휴일임에도 불구하고 뉘른베르크에서 고등노동법원을 찾아간 이유는 따로 시간을 내서 노동법원을 방문할 여유도 없었지만 법원 종류에 따라 건물 모양이나 입구, 출입 가능 여부가 다른 것 같아서 재판을 관람하거나 내부 재판정을 구경할 수는 없더라도 다른 어떤 차이점을 발견할 수 있을 거라는 기대감이 있었기 때문이었다.

법원 문이 잠겨 있어서 내부로 들어갈 수 없었지만 건물의 출입문이 유리문으로 되어 있어서 내부를 들여다볼 수는 있었다. 건물 입구에 초인종과 인터폰이 있는 것으로 미루어 자유롭게 출입이 가능하지는 않은 듯하였다.

뉘른베르크는 제2차 세계대전 이후 연합군에 의해 개최된 일련의 군사재판이 열린 도시이다. 홀로코스트 및 기타 전쟁 범죄를 계획하고 실행 또는 참여한 나치 독일의 정치적·군사적·사법적 및 경제적 리더십에 있어서 저명한 회원의 기소에 가장 주목할 만한 재판이 이곳 전범재판소에서 열렸다고 한다. 전범재판소에서의 가이드 투어는 2시에 예약되어 있었으나 카를스루에의 대법원 방문 시 시간에 늦을 경우에는 낭패를 보게 되는 경험이 있던 터라 조금 일찍 찾아갔다. 2시에 가이드 투어가 있다는 것을 확인하고, 1시 40분까지 다시 이곳으로 돌아와야 한다는 말을 듣고 점심 식사를 위해 밖으로 나왔다.

근처의 식당은 마치 공원에서 식사하는 듯한 착각이 들 정도의 근사한 야외 테이블이 있었는데, 규모가 웬만한 동네 공원보다 커서 아마도 천 명 이상은 수용할 수 있을 듯했다. 한 가지 흠이 있다면, 흡연에 대한 규제가 없어서 비흡연자들은 견디기 힘들었다.

전범재판소 1층에는 안내소가 있으며, 맞은편에는 라커 룸이 있어서 짐을 보관하고 편하게 관람할 수 있었다. 시간에 맞추어 시작된 가이드 투어는 2층에서 영어로 진행되었는데, 입구에는 접이식 의자가 준비되어 있어서 필요한 사람은 누구나 편하게 이용할 수 있었다. 미국에서 왔다는 10여 명의 대가족과 우리 가족, 개인적으로 신청한 듯한 몇 사람이 함께 참여했다.

장소를 의식한 듯한 단정한 차림의 가이드가 안내해 주었는데 영어 실

야외 식당

력이 유창할 뿐만 아니라 설명하는 자세와 말투도 방문객들을 배려하는 듯했으며, 안내가 끝난 뒤 여러 가지 질문을 받을 때에도 한 치의 귀찮은 표정 없이 적극적으로 답변해 주었다. 또한 설명할 때에도 전범들이 본인과 같은 민족임에도 불구하고 전범에 대한 객관적이고 비판적인 감정을 느낄 수 있었다. 이러한 전반적인 모습에서 우리나라에서 해설 봉사 활동을 하는 내 모습을 뒤돌아보게 되었다.

  전시관 내의 모든 안내판들은 높고 큰 보드에 번호를 적어서 사진과 함께 설명되어 있었다. 그런데 특이한 것은 첫째, 보드들이 위로 갈수록 앞쪽으로 기울어져 있어서 글을 읽을 때 불편함이 없다는 것과 둘째, 가해자·피해자·기자·재판관 등 각각의 인물들을 주제로 소개가 나누어져 관련자들 모두에 대한 개괄적인 설명이 잘되어 있다는 것이다.

가이드 설명에 따르면, 뉘른베르크 재판소는 제3제국의 가장 중요한 정치 지도자 및 군사 지도자 중 24명의 재판권을 부여받았다고 했다. 아돌프 히틀러, 하인리히 히믈러, 파울 요제프 괴벨스는 1945년 봄에 기소되기 직전 자살했고, 라인하르트 하이드리히는 1942년 암살당했기 때문에 포함되지 않았다고 했다.

1945년 4월 루스벨트 미국 대통령 사망 후 새 대통령인 트루먼은 사법절차에 대한 승인을 했고, 영국·미국·소련과 프랑스 사이의 일련의 협상 후 재판은 뉘른베르크에서 1945년 11월 20일 시작되었다. 법원은 범죄를 전쟁법 위반으로 제한하고 있기 때문에, 1939년 9월 1일 전쟁의 발발 이전에 발생한 범죄에 대한 관할권을 가지고 있지는 않았다.

전시실

소련은 '파시스트 공모자'의 수도인 베를린에서 재판이 열리기를 원했지만 뉘른베르크가 나치당의 발상지로 간주되었기 때문에 당의 상징적인 죽음을 표현할 적절한 장소로 여겨져서 첫 번째 재판 장소로 뉘른베르크가 선택되었다.

소련, 영국, 미국, 프랑스에서 각각 한 명의 판사와 대체 판사, 검사를 파견하였다. 피고인 변호사는 대부분 독일인이었는데 그들은 70여 명의 조수들을 지원받았다. 기소는 '1. 평화에 대항하는 범죄의 성취를 위한 공통 계획이나 음모에 참여 2. 침략 전쟁 계획 개시, 발발과 평화에 대한 다른 범죄 3. 전쟁 범죄 4. 인류에 대한 범죄'에 대하여 이루어졌다.

피고인 24명은 '1. 기소되지만 유죄 판결을 받지 않거나 2. 기소 및 유죄 판결 또는 3. 책임 없음'의 3가지로 나누어 판결되었다. 사형은 1946

당시의 전범 재판 광경

독일에서 법을 만나다 77

년 10월 16일에 실행되었는데, 목이 부러져서 신속하게 교살되는 대신에 목이 꺾여서 천천히 죽는 짧은 줄을 사용했다는 주장도 있다. 시신에 대한 처리에 대하여 여러 소문이 있었지만, 실제로는 뮌헨에 있는 화장장에서 화장이 되고 재는 이자르(Izar) 강에 뿌려졌다.

사형이 구형된 12명의 피고인들 중 두 사람은 형이 집행되지 않았다. 마르틴 보어만은 1945년 5월에 베를린에서 탈출하는 동안 연합군이 알 수 없는 원인으로 사망해서 궐석 유죄판결을 받았고, 헤르만 괴링은 사형 전날 밤 자살했다.

뉘른베르크 재판 이후에도 여러 장소에서 독일의 전쟁 범죄에 대하여 많은 재판이 열렸다. 뉘른베르크 재판은 평화와 인류에 대항한 범죄를 저지른 일본 관료들을 재판한 극동국제군사재판과 1990년대 초반의 발칸 전쟁 동안 저질러진 범죄에 대한 헤이그의 유고 전범재판소, 르완다에서 대량 학살에 책임이 있는 사람들에 대한 재판의 모델이 되었으며 상설국제형사재판소의 제안과 국제형사법의 초안 작성에도 영향을 끼쳤다. 뉘른베르크 재판 과정에서 독일 법원 체계와 미국 법원 체계 간에 상충되는 부분이 있었기 때문에 상설 국제형사재판소 설립에 대한 움직임이 발생했다.

뉘른베르크 전범재판은 최초의 성공적인 국제형사재판이었고 이후 국제형사법 및 국제기구 개발에 중추적인 역할을 했다. 뉘른베르크 재판에 대해 비평가들은 피고인에 대한 혐의는 범죄가 저질러진 이후에만 '범죄'로 정의되므로 이 재판은 '승리자의 정의'의 한 형태로써 무효라고 주장한다. 또한 관습법에 따라 판결하고 있다거나 원칙적이지 않다는 비판도 있다.

 뉘른베르크 재판에서는 영어, 독일어, 프랑스어 및 러시아어 등 네 가지 공용어를 사용했다. 통역사가 각 공식 언어에 대해 하나씩 4개의 섹션으로 나누어졌으며, 섹션당 3명의 통역사가 다른 3개 언어에서 모국어로 작업했다. 공식 언어 4개 중 어느 것도 말하지 않은 피고인에게는 법원 통역사가 제공되었는데, 이디시어·헝가리어·체코어·우크라이나어 및 폴란드어가 포함되었다.

 통역사는 직접 헤드셋 및 단일 이어폰에 연결되는 정교한 케이블이 설치된 4개의 통역 부스에서 일했고, 각 작업 언어에 대해 4개의 채널이 존재했다. 채널 전환은 청취자가 언어를 전환하기 위해 다이얼을 돌리기만

일본 전범 사진판

하면 되는 각 테이블의 설정에 의해 제어되었는데, 바닥에 깔려 있는 케이블 위로 발을 올리는 사람들 때문에 헤드셋의 연결이 끊어지는 경우가 종종 발생하여 문제를 해결하고 재판을 계속하기 위해 몇 시간이 걸리는 경우도 있었다. 통역사는 공식 언어가 사용된 국가와 벨기에, 네덜란드 등 각각의 국가에서 모집되었는데 다양한 사람들이 모였다.

  최고의 통역을 만들었던 특성은 2개 이상의 언어에 대한 완벽한 이해가 아니라 광범위한 문화적 감각, 백과사전 지식, 호기심 뿐만 아니라 자연스럽고 평온한 성격이었다. 통역에도 여러 가지 문제가 제기되었는데, 통역사에 대한 압력이나 심리적 부담, 인력 부족, 확실한 문서가 없는 상태에서 세션에 갇혀 있기도 했다. 특히 유대인이나 나치 수용소의 조건을 언급할 때에는 소송에 저속한 언어를 사용하는 것에 대해 지적받기도 했다. 그러나 광범위한 시행착오에도 불구하고 통역 시스템 없이는 재판이 가능하지 않았고 법원 및 회의에서 다국어 문제가 다루어지는 방식에 혁명을 일으켰다.

(출처 : 인터넷 위키피디아 영문판)

  관람의 마지막은 2층 유리창을 통해서 1층에 있는 재판정을 내려다보면서 당시의 재판정에 대한 설명을 듣는 것이었다. 아쉽게도 우리가 방문하였을 때에는 세계 각 나라의 학생들이 방문하여 모의법정을 위한 수업이 진행되고 있어서 법정으로 들어갈 수 없었다. "당시에는 재판정 오른쪽에 4개의 재판장 국가의 국기가 있었다는 것과 재판관 앞쪽으로 오른쪽에 가해자의 변호사들이 위치하는 의자가 있었는데, 현재에는 없어져서 현재의 법정과 당시의 법정은 조금 다른 모습이다"라는 가이드의 친절한 설명이 덧붙여졌다.

가이드 투어를 끝마치고 옆으로 이어진 2개의 방에는 일본 전범에 대한 간략한 안내와 아프리카 내전에 대한 안내 사진판이 위치하고 있었다. 다음 일정이 있는 베를린으로의 출발시간이 촉박하여 미처 이곳까지는 정성껏 살펴볼 수 없었다.

재판소를 나온 우리는 서둘러 호텔에서 짐을 찾아서 중앙역으로 향했다. 베를린까지의 길은 참으로 멀었다. 16시 33분 기차를 타고서, 밤 10시 가까이 되어서 도착한 베를린 중앙역에서 먼저 안내소를 찾아갔다. 어느 도시에서나 무료로 도시 지도를 구할 수 있었으나 베를린 중앙역에서는 돈을 내고 사야만 했다.

호텔로 이동할 베를린 대중교통표와 내일 도시를 관광할 대중교통표를 각각 사고는 호텔로 향했다. 한 정거장만 가면 되는 트램을 반대 방향으로 탔다. 대부분의 트램 역과 달리 중앙역에서 한 정거장 떨어진 다음 역은 반대방향으로 가는 트램 역이 없었다. 아마도 이곳에서 트램은 로터리 길을 돌아서 순환선으로 운행되는 것 같았다.

피곤한 몸을 이끌고 트램 역을 찾아서 또 걸었다. 한참을 걸어서 다시 트램을 탔을때 호텔에서 전화가 왔다. 아마도 너무 늦은 시간이다 보니 숙박 여부를 확인하고 싶었나 보다. 5분 내에 도착한다고 답하고는 트램에서 내리자마자 발걸음을 재촉하였다. 하마터면 숙소인 미콘이스트게이트 호텔을 못 찾을 뻔했는데, 밖에는 조그만 간판만 있었고 특별한 간판 조명도 없어서 구글 지도에 호텔 표시가 없었다면 아마도 그냥 지나쳤을 것이다.

 여느 가정집 현관문과 다를 바 없는 호텔 문은 잠겨 있었다. 벨을 누르라는 안내 표지를 보고 벨을 누르자 문은 자동으로 열렸다. 현관문을 통해 들어간 복도는 걸음을 내디딜 때마다 자동으로 조명이 들어와서 조금은 음산한 분위기였다. 프런트가 5층에 있다는 안내를 보고 승강기를 탔는데, 오래되었다는 것을 증명이라도 하듯 삐거덕거리는 소리가 들렸고 속도도 너무 느렸다. 그래도 프런트에서 근무하는 흑인 남자는 우리의 여러 가지 질문에 친절하게 대답해 주어서 처음 호텔에 들어올 때보다는 기분이 한결 좋아졌다.

 호텔에는 베를린 지도가 비치되어 있어서 성급하게 지도를 구매하였던 것이 후회되었다. 직원은 다음 날 우리가 찾아갈 100번 버스 출발지

호텔 입구

까지 가는 방법을 자세히 알려 주었다. 4층 방을 배정받았는데, 건물이 참 독특해서 모든 층에 0.5층이 존재했다. 호텔은 2개의 건물을 엇갈려서 붙여 놓은 형태였다. 5층에서 4.5층으로 내려가는 계단만 발견할 수 있었고, 4.5층에서 4층으로 내려가는 계단은 발견할 수 없어서 다시 5층으로 올라와서 4층까지 승강기를 이용하여 내려갔다.

방에는 침대가 3개 있었다. 방도 커다랗고 욕실도 커서 좋았지만 그것이 전부였다. 심지어 냉장고도 없었다. 뭐 특별히 음식을 조리할 것도 아니니까 꼭 필요하지는 않았지만 장시간 여행하는 우리로서는 조금은 아쉬움이 남는 객실이었다.

밤 11시간 넘도록 저녁 식사를 못 했기에 아버지께서 호텔 근처에 먹을거리를 사러 나가셨다가 한 블록 떨어진 지하철역 근처에서 패스트푸드 가게가 문을 연 것을 보시고 샐러드와 빵을 조금 사 오셨다.

베를린 관광 _ BERLIN

출국 전에 본 미콘이스트게이트 호텔 사진에는 식당 주변이 화분으로 장식되어 있어서 1층의 거리 옆 식당으로 생각했는데, 사실은 5층에 위치한 뷔페 식당이었다. 프런트에서 식당으로 연결된 통로를 통해 바깥 풍경이 보여서 마치 1층 길가에 위치한 것처럼 보인 것이다. 여느 호텔 뷔페와 크게 다르지 않았지만 특이하게도 그릇을 설거지통에 넣어 달라는 안내 문구가 붙어 있어서 손님들 각자가 접시를 수거하고 있었다.

베를린 시내에서의 일정이 일요일이었기 때문에 특별한 법원 방문 일정을 잡을 수 없어서 어머니께서 출국 전 시내 관광을 준비하셨다.

어젯밤에 호텔 직원으로부터 들었던 경로를 쫓아서 100번 버스 출발지를 찾

자물쇠가 채워진 자전거

아갔다. 호텔 앞에는 자물쇠가 채워진 몇 대의 자전거가 있었고 대여 안내판이 붙어 있었다. 하루에 12유로라고 적혀 있었다. 주변의 다른 호텔들에서도 자전거를 대여해 준다는 안내판을 볼 수 있었다. 그만큼 독일에서는 자전거가 대중교통 수단으로 유용하게 이용되고 있음을 짐작할 수 있었다. 물론 우리 가족은 여러 가지 이유로 자전거를 이용할 수는 없었다.

만국시계와 TV타워

베를린 시내의 100번과 200번 버스는 주요 관광지를 경유하는 시내버스로 마치 관광버스처럼 이용된다고 들었다. 이동을 위해 트램 역으로 갔지만 우리가 타야 할 트램은 안내되지 않고 있었다. 지나가던 현지인에게 물어보았더니 확실하지는 않지만 노선이 바뀐 것 같다고 알려 주었다.

하는 수 없이 U반을 이용하여 100번 버스의 출발지라는 만국시계가 있는 역으로 이동하였다. 지하철역에서 내리자마자 만국시계가 멀리 눈에 들어왔다. 또한 그곳에서 TV타

독일에서 법을 만나다   **85**

워도 조망할 수 있어서 먼저 여러 장의 기념사진을 찍었다.

만국시계는 1969년도에 만들어진 10미터 높이의 시계로 세계 주요 도시의 시간을 다양하게 디스플레이하였다. 1970년대 중반부터 만남의 장소로 알려져 현재에도 지역 주민과 관광객들에게 인기 있는 만남의 장소라고 한다. 실제로 이 주변에서 여러 나라 사람들이 모여 있는 것을 볼 수 있었다. TV타워는 1965년부터 1969년에 걸쳐서 건설되었는데, 베를린의 상징으로 368미터나 되는 유럽에서 두 번째로 높은 건축물이라고 한다.

주위를 둘러보아도 100번 버스가 보이지 않아 주변에 있던 경찰로 보이는 사람들에게 버스정거장이 어디인지 물어보았다. 그들이 가르쳐 준 버스정거장은 지하철역의 뒤편 출구 쪽이었다. 우리는 앞쪽 출구로 나왔으니, 한참을 걸어 내려가야 했다. 그들이 가르쳐 준 위치에서 버스정거장을 찾을 수 있었으나 안내판에는 200번 버스만 안내되어 있었다.

길 건너편에 버스정거장이 있었고, 많은 사람들이 있었지만 건너가서 확인하기보다는 일단 가까운 상가에 들어가서 다시 물어보았다. 이번에는 우리가 처음 출발한 만국시계가 있는 곳이라고 했다. 다른 상가에서 또 물어보았다. 여기에서 타야 한다고 했다. 모두의 대답이 달랐다. 아마도 근처에서 장사를 하고는 있지만, 본인들과는 무관한 버스이니 잘 알지 못하는 듯했다. 당황스러웠지만 일단 길을 건너 버스정거장으로 가 보기로 했다.

많은 무리의 사람들이 있었고, 그들은 이내 들어오는 100번 버스에 탑승하였다. 100번 버스는 2층 버스였다. 우린 2층 앞자리를 목표로 다음 버스를 타기로 마음먹었다. 정거장 10여 미터 뒤쪽에 다음 버스가 서 있기에 혹시나 싶어서 다가갔지만 기사는 앞쪽으로 가라는 말만 하고 태워 주지 않았다. 정거장이 아닌 곳에서는 승객을 태우지 아니하는 듯했다. 곧이어 그 버스가 정거장으로 이동하였고, 계획대로 100번 버스의 2층 가장 앞자리에 앉을 수 있었다.

인터넷에서 본 대로 일단 100번 버스로 시내를 한 바퀴 돌 계획이었다. 100번 버스는 많은 관광지를 거쳐 가면서 우리에게 훌륭한 구경거리를 제공하였다. 동물원 지하철역에 버스가 도착했을 때 버스 기사가 안내방송을 했지만 우린 전혀 독일어를 알아들을 수도 없었고 무슨 뜻인지 궁금하지도 않았다. 왜냐하면 우리는 버스로 시내를 한 바퀴 둘러본 뒤 구체적인 관광계획을 세우겠다고 생각하고 있었기 때문에 출발지에서 다시 내리겠다는 생각만 하고 있었기 때문이다.

그러나 버스에 있던 모든 사람들이 내리고, 방송은 한 번 더 반복되었다. 이번에는 버스에서 내린 사람들이 차 밖에서 우리에게 내리라는 손짓을 보냈다. 그제서야 우리는 이곳에서 일단 승객들이 모두 하차해야 한다는 것을 눈치챘다. 서둘러 내릴 수밖에 없었지만, 아무런 정보도 없이 낯선 곳에서 내리게 되었으니 너무나 당황스러웠다. 주저함 없이 지하철역 안쪽의 상가로 들어가서 사정을 설명하고 어디에서 버스를 다시 타야 하는지를 물었다. 상가 주인은 친절하게도 지하철역 맞은편 출구로 나가면 버스정거장이 있다고 알려 주었다.

어차피 대중교통표는 하루 이용권이므로 몇 번을 타든 상관이 없었다. 우리가 버스정거장에 갔을 때는 이미 많은 관광객들이 버스를 기다리고 있었다. 그곳에서 100번 버스를 타고 왔던 길을 되돌아갈 수 있었다.

돌아가는 버스에서 처음 본 관광지는 카이저 빌헬름 성당(Kaiser Wilhelm Gedächtniskirche)이었다. 성당은 1890년대에 지어졌지만, 2차 세계대전 당시인 1943년 11월 23일 밤 공습으로 첨탑의 일부와 중앙 현관만을 남기고 거의 모든 건물이 파괴되었다고 한다.

이후 1959~1963년 사이에 현관이 있는 성당과 별채가 있는 별도의 종탑으로 구성되는 현재의 건물이 지어졌는데, 처음에는 완전히 새로운 건축을

카이저 빌헬름 성당

계획하였으나 전쟁의 참혹함을 상기하고 다시는 전쟁을 일으키지 말자는 의미에서 손상된 첨탑을 폭격 당시의 참혹함 그대로 둔 것으로 유명하다.

우리는 전승기념탑이 있는 다음 정거장에서 하차하였다. 전승기념탑은 프로이센 왕국이 덴마크-프러시아 전쟁에서 승리한 것을 기념하여

전승기념탑

독일에서 법을 만나다

1864년에 건설이 시작되어 1873년 9월 2일에 완공되었다고 한다.

탑 꼭대기에는 금색의 승리의 여신 빅토리아가 서 있다. 기둥은 높이가 66~89미터이며, 4개의 단단한 사암 블록으로 이루어져 있으며 탑이 완공되기 이전에 승리한 3번의 전쟁에서 노획된 대포의 대포신이 장식되어 있다고 한다. 네 번째 블록은 황금빛 화환으로 장식되어 있다.

전승기념탑은 로터리 가운데에 있었는데, 원래는 독일의회 앞에 있던 것을 나치가 이곳으로 옮겼다고 한다. 다행히도 탑은 장소의 이전으로 인해 제2차 세계대전에서 큰 피해 없이 살아남았다고 한다. 버스에서 내려 4개의 지하도를 통해서 탑으로 건너갈 수 있었다.

지하도의 입구는 여느 지하도와는 다르게 모양을 낸 조각 장식도 있었고, 계단 폭이 약 5미터 이상이나 될 듯하게 규모도 상당히 컸다. 지하도 안에는 길거리 공연을 하는 음악가도 있었고, 전승기념탑으로 지나다니는 사람들도 많아서 활기가 넘쳤다.

지하도를 건너서 가까이에서 본 전승기념탑은 둘레도 상당히 컸지만 매우 높았다. 매표 후에 들어가 본 1층에는 여러 전시물들을 위한 공간이 있었다. 전승탑의 과거와 각 구조물에 대한 안내와 설명도 있었고, 세계 각국의 랜드마크 역할을 하는 탑에 대한 안내와 모형도 있었다. 계단을 통해 올라간 아래쪽 전망대는 탑 둘레를 돌아가며 테라스처럼 넓은 공간을 제공하고 있어서 많은 관람객들이 휴식을 겸하고 있었고, 벽에는 타일로 장식된 화려한 큰 그림들이 눈길을 끌었다.

좁은 계단을 통해 끝없이 올라간 위쪽 전망대는 대부분의 베를린 시내를 조망할 수 있을 정도로 높았으며, 이곳에서부터 브란덴부르크 문까지

전승기념탑에서 본
티어가르텐과 베를린 전경

 일직선으로 뻗어 있는 도로도 인상적이었는데 흡사 우리나라의 궁궐을 정문에서 정면으로 바라보는 느낌이었다. 전승탑 둘레로 조성되어 있는 티어가르텐(Tiergarten)의 모습도 시내 중심부에서 안식처 같은 편안함을 전해 주기에 충분하였다.
 티어가르텐은 브란덴부르크 제후들을 위한 사냥터로 이용되었는데,

프리드리히 빌헬름 1세(Friedrich Wilhelm I, 1688~1740)가 오늘날에도 볼 수 있는 많은 구조물을 건설했고, 그의 후임인 프리드리히 2세(Friedrich II, 1712~1786)가 공용 정원을 개설하면서 당시에는 거주할 수도 있었다고 한다. 그 후로 공원은 프러시아의 유명한 사람들을 기념하는 동상과 그들이 즐기는 활동으로 덮였다고 한다.

제2차 세계대전으로 그 다양한 문화 요소들이 피해를 입게 되었는데 1945년 6월 2일 티어가르텐을 복원하기로 결정한 후 1949년부터 1959년 사이에 재조림되었다고 한다. 1991년 이후로는 기업과 거주자에 의한 침입이 불법이라고 한다.

100번 버스를 한 번 더 타고 이동한 곳은 국회의사당(Reichstagsgebäude)이었다. 국회의사당은 1884년부터 1894년까지 10년에 걸쳐 건축된 네오르네상스 양식의 건물로, 1918년까지 독일 제국의회 의사당으로 사용되다가 1933년에 발생한 큰 화재와 제2차 세계대전 당시의 집중포화로 건물이 심하게 파손되었다고 한다.

이후 1961년부터 1964년까지 재건이 이루어졌고, 1991년부터 1999년까지 다시 한 번 보수공사가 있었는데, 이때 건축가인 노먼 포스터에 의해 유리 돔이 만들어졌다고 한다.

국회의사당에 있는 유리 돔은 그 자체로도 관광 명소이지만, 주변 경관을 360도 돌아가면서 관람할 수 있는 전망대로도 유명하다. 미리 매표해야 관람할 수 있다는 것을 알고 있었지만, 정신없이 여행 스케줄을 잡은 우리는 예정에 없던 현장 매표를 시도하기로 하였다. 물론 이곳도 여권은 필수였다.

매표를 위한 줄은 1시간여 이상을 뜨거운 태양 아래 서 있어야 했는데 계속해서 줄에 서 계시던 아버지께 죄송한 마음이 들었다. 드디어 들어선 매표소에서는 5시 30분으로 예약이 가능하다고 하였다. 우리는 저녁 기차로 함부르크로 이동을 하여야만 했기에 잠깐 망설였으나 일단은 5시 30분으로 예매하였다. 사실 줄을 서 있을 때에는 매표 후 바로 입장이 가능할 것이라고 생각했었다. 그런데 시간에 따른 예약 인원이 정해져 있었던 것 같다. 예매 후 주저 없이 이웃하고 있는 브란덴부르크 문으로 향했다.

프로이센의 국왕인 프리드리히 빌헬름 2세가 평화의 상징으로 1788년부터 1791년까지 건축한 브란덴부르크 문 위에는 평화를 상징하는 그리스 여신 에이레네와 그녀를 이끄는 4두 이륜 마차(Quadriga)가 조각되어 있었으며 원래 문의 이름은 Peace Gate였다.

그 후 예나-아우어슈테트 전투에서 프로이센을 물리친 나폴레옹이 베를린에 입성하면서 브란덴부르크 문을 통한 첫 개선식의 주인공이 되었으며 더불어 4두 이륜 마차를 파리로 가져갔다. 1814년 나폴레옹 몰락 이후에 나폴레옹이 가져갔던 4두 이륜 마차를 다시 찾아왔다. 제2차 세계대전 이후 최초의 4두 마차에서 한 마리 말의 머리만 보존되어 현재는 메르키셰 박물관(Märkisches Museum)에 보관되어 있으며, 이후로 여신상 또한 평화의 여신이 아니라 승리의 여신인 빅토리아로 바뀌었고, 전쟁에서 승리한 프로이센 혹은 독일군이 반드시 지나가는 장소가 되었다.

또한 냉전 시대에는 동독과 서독을 오가는 8개의 관문 중 하나로 통일

후에는 통일의 상징이 되었다. 오늘날에는 베를린 마라톤의 결승점으로 사용되고 있다.

(출처 : 인터넷 위키피디아 영문판)

브란덴부르크 문 앞뒤로 광장이 있었는데 세계 각국의 많은 사람들이

브란덴부르크 문.

각양각색의 자세로 기념사진을 찍는데 여념이 없었다. 관광객을 위한 특이한 6인용 자전거도 구경할 수 있었다.

국회의사당에서 브란덴부르크 문으로 연결된 숲길을 가다가 전쟁으로 희생된 유럽인을 위한 추모 공간을 볼 수 있었다. 공간 밖에 둘러쳐진 담벼락에는 안내 문구들이 적혀 있었고, 출입을 위한 작은 틈에는 경비원 한 사람이 서 있었다. 안쪽 공간에는 아무런 건물 없이 크지 않은 연못과 같은 접시 조형물에 물이 담겨 있을 뿐이었다. 전범국가인 독일이라 더 그랬는지는 모르겠지만 그러한 공간을 만들어 놓은 것과 방치되지 않고 있는 것에 감동받았다.

지하철을 타고 베를린 대성당으로 이동하였다. 베를린 대성당은 1905

년 중앙에 거대한 돔을 갖춘 지금의 모습으로 완성되었다고 한다. 이 성당에는 7,269개의 관으로 이루어진, 독일에서 규모가 가장 큰 파이프 오르간이 있는 것으로 유명하지만 벽화 또한 화려함의 극치였다.

  지하에는 관으로 보이는 많은 석조 구조물들이 있었는데 그 자체가 훌륭한 예술작품으로 손색이 없었다. 1545년부터 명문가인 호엔촐레른(Hohenzollern) 가문의 묘지 용도로 사용되었다고 한다. 그래서 지하에 많은 관들이 있었으며, 명문가에 걸맞은 화려한 문양으로 관을 장식한 것 같았다.

  대성당 2층에는 세계의 타워에 대한 전시물들이 진열되어 있었고, 계

석조 구조물

파이프 오르간

독일에서 법을 만나다

베를린 대성당

보수중인 대성당

 단을 따라 한참을 더 올라가야 다다를 수 있는 전망대는 높이에 따라 2개의 전망대로 나누어져서 성당 돔 둘레를 360도로 돌아가면서 주변을 조망할 수 있었다. 아래쪽 전망대에서는 현재 진행 중인 대성당 복원공사 현장을 가까이에서 볼 수 있었으며 270여 개의 계단을 더 올라가야 도달할 수 있는 위쪽 전망대에서는 베를린 시내 대부분을 조망할 수 있었다.
 대성당 바로 앞에 있는 넓은 잔디밭에는 많은 사람들이 머물고 있었다. 그 잔디밭 뒤로 박물관 섬이 있다고 하는데 단 하루의 베를린 일정으로 박물관 관람까지 시도할 수는 없었다.
 박물관 섬은 프로이센 왕국으로부터 기증받은 많은 유물을 전시하고

박물관 섬

있는데 구박물관, 신박물관, 구국립미술관, 보데 박물관, 페르가몬 박물관으로 구성되며 1999년에 세계문화유산으로 등재되었다. 그중 단연 유명한 박물관은 페르가몬 박물관으로 터키 영토인 베르가마 근처의 고대 그리스 도시였던 페르가몬의 유적을 통째로 뜯어와 이곳에 전시하고 있다고 하는데 안타깝게도 일부 유물은 제2차 세계대전 이후 구소련에 약탈당하여 현재 러시아의 푸시킨 박물관에 보관 중이라고 한다.

베를린 대성당 앞에서 버스를 타고 홀로코스트 메모리얼 광장으로 향했다. 버스에서 내려서 조금 걸어가야 할 거리인데 가는 도중에 중국 식당을 보게 되었다. 점심은 먹었지만 함부르크로의 이동으로 인해 저녁을 먹을 시간적 여유가 없었고 특히 독일에서 처음 본 중국 식당이라는 것이 우리가 식당으로 들어갔던 표면적인 이유였지만 내 생각에는 아버지께서 여행 내내 아시아 음식이 그리우셨던 것 같고 동생들도 나름 동의해서였던 것 같다. 짬뽕과 볶음밥이라는 익숙한 메뉴를 시켰으나 지극히 현지화된 중국 음식일 뿐이었다.

한참을 걸어서 홀로코스트 메모리얼 광장에 도달할 즈음에 소나기와 마주쳤다. 메모리얼 광장이라고 해봐야 화려하지 않은 비석들뿐이었지만 잠시라도 생각에 잠길 시간도 없이 비를 피하기에 바빴다. 동생들과 함께 많은 관심을 가지고 있었는데 제대로 보지 못해 우리 모두 속상해 했다.

광장에 있는 구조물들은 유럽에서 희생당한 유대인들을 기리는 것으로, 무릎 높이부터 4.7미터 높이까지 다양한 조형물이 남북으로 향하는 54열과 동서로 향하는 87열로 조성되어 총 2,711개의 조형물이 있었으며 지하 안내소(Ort der Information)에는 이스라엘 박물관 야드 바솀(Yad Vashem)에서 얻은 약 3백만 명의 유대인 대학살 희생자의 이름을 가지고 있다고 하는데, 국회의사당 유리 돔 관람이 예약되어 있어서 안내소를 둘러볼 시간이 없었다.

제2차 세계대전 당시 나치당은 유태인과 슬라브족, 집시, 동성애자, 장애인, 정치범 등 약 천백만 명의 민간인과 전쟁 포로들을 학살했다고 한다. 특히 1945년에 아우슈비츠의 유대인 포로수용소가 해방될 때까지는 하루에 3천 명씩 독가스로 죽였다고 하는데 이중 90%는 유대인이었다고 한다. 주변에 가이드를 동반한 관광객들이 설명을 듣고 있는 걸로

홀로코스트 메모리얼 광장

봐서는 지하 안내소에 대한 설명인 듯하였다.

  독일에 홀로코스트 메모리얼 광장이 있다는 것이 놀라웠지만 여기에도 갈등은 있는 듯했다. 일부 비평가들은 디자인에 희생자의 이름과 살해된 사람들의 숫자와 살해당한 장소가 포함되어야 한다고 주장하는 반면에 독일의 유명한 작가인 귄터 그라스(Gunter Grass)를 비롯한 주요 독일 지식인 그룹은 기념비를 포기해야 한다는 주장을 펼치기도 하고, 베를린 시장인 디프겐(Diepgen)은 공개적으로 홀로코스트 메모리얼 광장 건설에 반대하면서 2000년 기공식에 참석하지도 않았다고 한다. 또한 과거부터 다양한 기물 파손 사건이 있었고, 최근에는 포켓몬 고(Pokemon

Go) 앱에도 이용되고 있어서 여전히 많은 사람들의 분노를 불러일으키고 있다고 한다.

내리는 소나기를 마주하고 걸어가던 우리는 더 이상 걸음을 재촉하지 못하고 브란덴부르크 문 아래에서 소나기를 피하기로 했다. 그곳에는 이미 많은 관광객들이 우리처럼 비를 피하고 있었는데, 세계 곳곳의 다양한 인종의 사람들이 비를 피하기 위해 좁은 공간에 모여 있는 것 또한 신기한 구경거리로 여겨졌다. 잠시 시간이 흐른 뒤 비는 멎었고, 우린 베를린에서의 마지막 행선지인 국회의사당으로 향했다.

5시 30분에 예약되어 있었으나 우리가 도착한 5시 15분에 바로 입장이 가능하였다. 여권으로 신분 확인을 하고, 소지품 검사를 간단히 하고서 국회의사당 입구로 들어갈 수 있었는데, 검색대에서부터 안내원이 동행하였다. 승강기를 타고 국회의사당 건물 4층에 도착한 후 휠체어와 오디오 가이드를 대여하였다.

유리 돔 바닥에는 국회의사당의 과거와 유리 돔 공사 과정에 대한 소개가 가운데 거울 조형물 둘레를 돌아가면서 열거되어 있었고, 거대한 거울 조형물은 바닥부터 유리 돔의 천장까지 이어져 있었다. 돔 중앙의 거울 조형물은 햇빛을 건물 안으로 향하게 하여 환경 친화적으로 설계한 건축물이라고 한다.

유리 돔을 통한 외부 경관 관람은 유리 돔 둘레를 나선처럼 돌아 올라가는 경사로를 이용하여 360도 모두에서 가능하였다. 경사가 가파르지 않아서 휠체어를 이용하는 데도 크게 불편함이 없었으며 베를린 시내를 조망할 수 있어서 지루하지 않았다. 다만 한국어 오디오 가이드가 없는

유리돔 내부

것이 아쉬웠으며 베를린 시내 건물들이 워낙 밀집되어 있어서 오디오에서 안내되는 건물을 하나하나 찾아가며 설명을 듣기가 힘들었다.

  돔 꼭대기에서는 국회의사당 건물 밖으로 나가서 외부 경관을 관람할 수 있는데, 특별한 전망대는 없지만 건물의 동서남북 모든 방향에서 베를린 시내를 조망할 수 있었다. 국회의사당을 출입하기 위한 검색대 입구에는 나치의 개정헌법에 반대하여 살해당한 96명의 국회의원 이름이 새겨진 조형물이 있는데, 기와 비슷한 얇은 조각 조형물에 희생자들의 이름을 새겨서 책꽂이에 꽂아 둔 것 같은 형상으로 고귀한 희생을 잊지

나치의 개정헌법에 반대하여 살해당한 96명의 국회의원 이름이 새겨진 조형물

않고 잘 기리고 있다는 점이 인상적이었다.

걸음을 재촉하여 호텔에서 짐을 찾은 후에 다음 행선지인 함부르크를 향해 기차에 올랐다. 19시 42분 ICE를 타고서 1시간 40여 분 후에 함부르크 중앙역에 도착하였다. 늦은밤 함부르크 역에 도착하였지만 숙소(Hotel Ele azar)를 찾는 것은 그리 어렵지 않았다. 호텔이 함부르크 중앙역 앞쪽 골목길에 있어서 금방 짐을 풀 수 있었다. 이웃한 방이 예약되어 있어서 부모님께서는 뉘른베르크에서와 같이 떨어진 방에서 우리들끼리만 재워야 하는 걱정은 더셨다.

  짐을 풀자마자 서둘러 저녁 식사를 위한 식당을 찾아 나섰다. 다행히 역 앞에 중국 식당이 보였다. 베를린 시내에서 낮에 들렀던 중국 식당에 대한 실망감이 있었지만 문을 연 식당이 많지도 않았을 뿐더러 서양식보다는 나을 것이라는 기대감으로 2층으로 올라갔다. 딤섬을 주문했는데 추가 주문을 할 정도로 낮에 맛본 중국요리와 달리 입에 잘 맞았다.

함부르크 _ HAMBURG
국제해양법재판소

다음 날 아침은 우중충한 날씨로 시작되었다. 함부르크 호텔의 아침 뷔페는 다른 호텔보다 많은 사람들로 붐볐다. 다른 곳보다 더 넓은 공간이었음에도 불구하고 많은 자리가 사람들로 차 있었다.

우리가 방문 예정인 국제해양법재판소는 함부르크 중앙역이나 숙소에서 대중교통으로 30여 분 이상 걸리는 먼 거리에 위치해 있었고, 대중교통을 이용하더라도 한참을 걸어가야 했기에 이번 여행에서 처음으로 택시를 이용하기로 하였다. 가족이 모두 5명이라 호텔 프런트 직원에게 대형 택시를 호출해 줄 것을 요청하고 잠시 기다렸더니 흑인 기사가 택시를 대기시켰다.

가는 내내 비가 내려서 처지는 느낌도 있었지만 함부르크 항구를 끼고 도로가 이어져 있어 간간이 보이는 항구 모습에 조금은 기분 전환이 되었다. 택시에서 내린 곳은 한적한 시골 동네 한 귀퉁이였다. 이렇게 한적한 곳에 국제해양법재판소가 있다는 사실에 적잖이 놀랐다. 10시에 가이드 투어가 예정되어 있어서 조금 일찍 도착하기 위해서 서두른 탓도 있었지만, 택시를 타고 이동한 탓에 예약한 시간보다 훨씬 일찍 국제해양법재판소에 도착할 수 있었다.

독일의 다른 법원들과 마찬가지로 입구에는 경비원이 근무를 하고 있었고, 우린 이메일로 받은 답장을 보여주었다. 경비원은 키가 190센티미터는 넘어 보이는 아주 친절한 직원이었다. 우리에게 기다리라는 말을 하고 약속된 직원에게 연락을 해주었다. 한참을 앉아서 10시가 되기를 기다리면서 출근하는 많은 직원들을 마주하였다. 아마도 출근 시간이 10시인 듯하였다. 그중 일부 직원들은 지나가면서 마주친 낯선 여행객인 우리 가족에게 인사를 건네기도 하였다.

10시가 되었지만 약속한 직원은 나타나질 않았고, 경비원은 우리에게, 직원이 상사의 부름을 받아서 조금 늦을 거라는 말을 전했다. 그 후로도 한참을 더 기다린 우리에게 경비원은 조금 더 늦어질 것 같으니 길을 따라 내려가면 빵집이 있는데 그곳에서 시간을 보내고 오는 것이 좋겠다는 말을 했다.

그냥 길을 나섰다. 조금 걸어 내려가다가 마켓을 찾았고, 거기에서 간단한 간식을 샀다. 다시 돌아온 재판소에서 키가 크고 단정한 슈트 차림의 직원을 마주할 수 있었다. 직원은 늦어서 미안하다며 우리에게 사과의 말을 건넸다. 본인도 상사가 불러서 어쩔 수 없었다고 웃으면서 농담을 건넸다. 만나기 전에는 약속 시간에 나타나지 않아 무슨 급한 일이 생겼나 보다 생각하며 이해하려 했지만 기다리는 동안 추웠던 탓에 약간은 기분이 상해 있었다. 그러나 만나서 인사를 나누자마자 그의 좋은 인상과 성격에 기분이 나아졌다.

안내는 1층에 전시되어 있는 여러 미술품에서부터 시작되었다. 세계

범선 모형

각 나라에서 국제해양법재판소의 개관을 기념해서 보내온 선물들이라고 했다. 모든 선물을 전시할 수는 없고 일부만 전시한다고 했는데, 아쉽게도 한국에서 온 선물은 보이지 않았다. 현관문을 열고 들어가면 가장 먼저 보이는 것이 범선 모형이다. 크기는 약 3미터 정도밖에 안 되는 범선으로 독일정부의 선물이라고 했다. 안내를 맡은 직원은 개인적으로 가장 좋아하는 전시품이라고 했다.

  1층 한쪽에는 강의실이 있었는데 한참 강의가 진행 중이었다. 재판소에서 강의를 한다는 것이 의아했는데 여름방학을 맞이하여 세계 각국에

별관

서 캠프에 참가한 지원자들을 대상으로 수업을 진행하고 있다고 하였다. 뉘른베르크의 전범재판소에서도 캠프가 진행되었으니 아마도 많은 국제 기구에서 방학 동안 대학생 또는 대학원생들을 대상으로 캠프를 진행한다고 짐작되었다. 대학생이 되면 참가해야겠다고 생각했다.

1층의 유리창을 통해서 볼 수 있었던 별관은 참으로 잘 정돈된 잔디밭 위에 얹혀진 별장과 같은 건물이었다. 전에 이곳에 살던 부호가 가지고 있던 건물로 현재는 리셉션 등을 위한 공간으로 사용되고 있다고 했다.

2층에 올라오자마자 1층에서는 볼 수 없었던 1층 바닥에 있는 그림에

독일에서 법을 만나다 III

1층 바닥의 예술품

대해 먼저 설명해 주었다. 1층에서는 전혀 관심을 갖지 못했던 그림에 대한 설명이었다. 바닥에 있어서 사람들이 잘 인식하지는 못하지만, 이것 또한 유명한 예술가의 작품이라고 하였다.

2층에는 여러 개의 토론을 위한 방이 있었고, 재판소 건물의 모형이 전시되어 있었다. 하나의 에피소드를 들려주었는데, 1층 별관의 주인이었던 대부호의 취미는 건물 앞쪽을 흐르는 강에서 매일 수영하는 것이었다고 한다. 그런데 어느 날 그 강을 따라 도로가 생겨났다고 한다. 사유재산임에도 불구하고 도로가 날 수 있었던 이유는 독일에서는 공익의 목적으로 합당한 대가를 지불한다면 사유재산의 국유화가 가능하다고 한다. 그래서 매일 수영하는 취미를 즐길 수 없었던 부호는 그 도로 아래로 굴을 파서 강으로 수영을 갔다고 한다. 물론 현재에도 이 굴은 존재한다고 한다.

모형 옆으로 커다란 열쇠가 있었다. 이 열쇠 또한 재판소가 받은 선물 중 하나였는데 이것에도 일화가 있다고 했다. 이 열쇠를 전달받

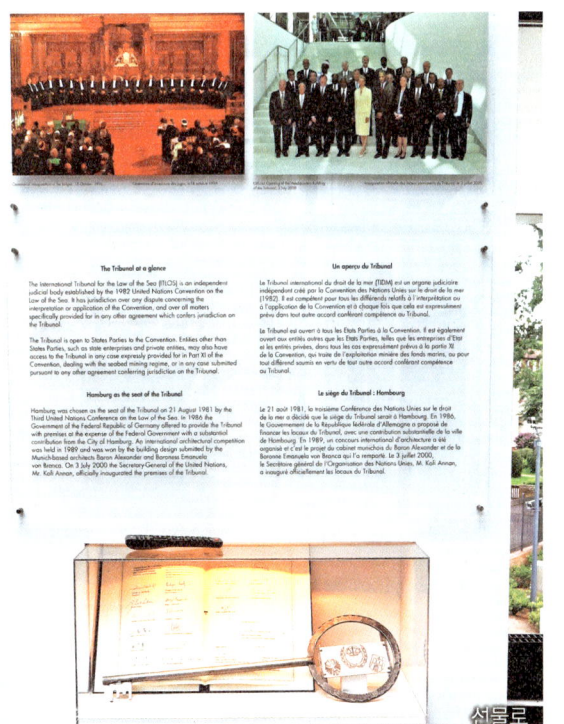

을 때 재판소의 주재판관과 함부르크 시장이 같이 받았다고 한다. 그래서 서로가 자신의 것이라고 주장했다는데 받을 때 찍은 공식 사진을 보면 불편한 심기가 얼굴에 고스란히 드러나 있다고 알려 주었다. 사진을 보고 난 후에 그 말에 완전 공감할 수 있었다.

또 다른 한쪽에서는 반기문 UN사무총장의 동영상이 재생되고 있었다. 반기문 총장이 이곳을 방문할 예정이라고 했다. 판사들은 어떤 언어로 대화하냐고 물었더니 프랑스어와 영어를 공용어로 사용하고 둘 중 하나만 할 수 있으면 된다고 했다. 국제해양법재판소는 공식 언어가 영어와 프랑스어로 영어를 프랑스어로, 프랑스어를 영어로 통역하는 통역사들이 다수 근무한다고 했다.

그리고 건물의 한쪽 날개로 뻗어 있는 복도로 안내를 받았는데 그곳에는 도서관과 통역을 위한 방송실이 있었다. 이쪽 건물은 가운데를 비워 두고 복도를 따라 가장자리로 방들이 배치가 되어서 채광에 유리한 곳이었고, 복도를 포함하여 건물 가운데 부분이 모두 유리로 장식되어서 뻥 뚫린 시야가 참으로 좋았다.

재판정 앞에는 UN으로부터 받은 UN 가입 국가의 국기가 전시되어 있었고, 가이드는 우리에게 태극기의 위치를 알려 주었다. 이곳 재판소에는 재판관이 상주하지 않으며 재판이 열릴 때만 재판관들이 모인다고 하였다.

재판정 안에는 정면으로 재판관들의 자리가 배치되어 있었다. 일렬로 배치되어 있었는데, 가운데 자리가 주재판관의 자리라고 했다. 재판소에는 168개의 협약 당사국에 의해 비밀 투표로 선출된 21명의 재판관이

복도를 따라 가장자리에 배치된 방

UN 가입 국가의 국기

있다고 했고 각 협약의 당사국에서 2명의 후보를 추천할 수 있는데, 두 후보는 같은 국가 출신은 안 되고 9년 임기로 선출되지만 연임할 수 있으며, 재판관의 3분의 1이 매 3년마다 임기가 만료된다고 했다.

재판관 석 앞쪽으로 발언대가 있었고, 그 앞쪽으로 양쪽에 재판 당사자를 위한 자리가 배치되어 있었다. 분쟁 당사국의 국적 재판관을 포함하지 않는다면 당사국이 재판관을 선택할 수 있다고 했다. 또한 재판 당사자들의 뒤쪽으로 방청석이 배치되어 있었다. 당사자 국가의 옆쪽에는 재판의 진행에 도움이 될 수 있도록 2개의 스크린이 배치되어 있었다.

재판은 재판 대상이 되는 양 당사국의 동의하에 진행할 수 있다고 했다. 재판소는 당사자의 요구 또는 자발적으로 2명 이상의 과학자나 기술 전문가를 선택할 수 있어서 그들은 재판소의 사법 심의에 참여할 수는 있

재판정

지만 투표권은 없다고 했다. 국제해양법재판소, 상설중재재판소, 국제사법재판소 어느 곳에서도 동일한 사안으로 재판이 진행될 수 있지만, 양 당사국가가 원하는 재판소에서 재판을 진행한다고 했다. 그래서 최근 판결이 난 남중국해에 관한 재판은 중국과 필리핀 두 나라의 동의하에 상설중재재판소에서 재판이 이루어졌다고 한다.

재판정 안에서 가이드는 재판 절차에 대해 설명해 주었고, 마지막으로 이곳에서 이루어진 3건의 재판에 대한 판결을 듣기 원한다면 설명해 주겠다고 했다. 이미 설명에 소요된 시간은 1시간 30분을 넘어가고 있었다. 개별 재판에 대한 설명은 생략하기로 하고 이쯤에서 설명을 마무리하기로 하였다.

오랜 시간 이어진 설명과 뜬금없는 우리들의 질문에 가이드가 너무나 친절하게 응대해 주어서 고마웠다. 마지막으로 왜 이런 한적한 곳에 국제해양법재판소가 위치하느냐는 질문에 이 동네가 부촌이라고 귀띔해 주었다.

비오는 길을 걸어서 지하철역으로 향했다. 이곳까지 왔으니 함부르크 항구도 한 번은 가까이에서 봐야겠고, 함부르크에서 유명하다는 피쉬버거도 먹어야겠다는 생각에 함부르크 항구역으로 향했다.

함부르크 항은 지하철역과 바로 연결되어 있었다. 많은 관광객과 여객선, 화물선들로 인하여 다른 항구들과는 조금은 다른 느낌을 받았다. 항구의 규모가 큰 이유도 있었지만 여객선도 많았고, 그 여객선들이 물레방아 같은 프로펠러를 이용하여 이동하는 모습이 이국적으로 비쳐졌다.

함부르크에서 머물 수 있는 시간이 많지 않았기 때문에 지하철역과 가

함부르크 항구

까운 식당을 찾았다. 3층 테라스 자리를 원했더니 지배인은 비가 내려서 테라스에 물기가 있을 수 있으니 건물 안쪽으로 자리하는 것이 어떻겠냐고 권유하였다. 우리는 멋진 항구를 조망할 수 있는 자리의 유혹을 뿌리칠 수 없어서 굳이 테라스 자리를 고집하였다. 점심은 튀긴 생선과 소시

지, 감자튀김 등이 나왔는데 오전 일과를 마치느라 꽤 힘들었던 우리에게 명불허전이었다.

  독일에서의 마지막 식사를 함부르크 항구에서 끝내고, 호텔로 가서 짐을 찾은 우리는 헤이그로의 먼 여행길 전에, 함부르크 역에서 약간의 먹

독일에서 법을 만나다   119

을거리를 구입하였다. 물론 독일에서의 마지막 마켓투어이므로 독일 과자도 몇 개 덤으로 구입한 후 다음 행선지인 헤이그를 향하여 기차에 올랐다.

기차를 두 번이나 갈아타야 하는 긴 여정이었는데, 아메르스포르트(Amersfoort)에서 두 번째 기차를 갈아탈 때 문제가 생겼다. 20여 분 이상 기차를 기다리던 시간에 함부르크 역에서 샀던 과자와 과일로 간단히 요기를 하던 우리는 기차가 도착하자 1등석을 찾아 두리번거리는 사이 기차 문이 자동으로 닫혔고, 더 이상 문은 열리지 않았다. 급하게 이동하려 했던 계획이 틀어져서 조금은 막막했지만 할 수 없이 그 자리에서 30여 분을 기다린 후 다음 기차를 탔다.

덕분에 더 늦게 도착한 헤이그 역에서는 예약해 둔 노보텔 센트럴까지 어두운 밤길을 걸어가야만 했다. 구글맵에 따르면 버스를 이용해도 걸어가는 것과 동일한 시간이 걸리는 것으로 검색이 되었다. 그런데 늦은 시간이라 대중교통표를 판매하는 곳은 이미 문을 닫기도 했고, 버스를 한 번 이용하면서 지불해야 하는 대중교통 요금이 아깝기도 하여 걸어가기로 결정하였는데, 생각보다 멀고 어두운 초행길이었다. 특히 목발을 짚고 이동해야 했던 여동생에게 호텔에 도착할 때까지 내내 미안한 마음이 들었다.

어제까지 독일에서 묵었던 호텔들과 달리 넓직한 로비, 커다란 프런트, 여러 명의 직원, 세계 각국의 사람들까지 첫인상부터가 정말 호텔다운 분위기가 물씬 풍겼다.

짐을 풀고 함부르크 기차역에서 구입한 컵라면에 물을 붓고, 호텔로 오면서 보았던 KFC에서 핫윙 6조각을 사와서 조촐한 저녁 식사를 해결하였다. 밤늦은 시간이었지만 다들 맛있게 먹었고 동생들은 핫윙이 제법 맛이 있었는지 내일 꼭 또 먹어야겠다고 했다. 노보텔의 객실은 조금 협소했으나, 욕실은 깔끔하였고 아늑한 느낌에 무엇보다 2개의 방이 연결되어 있어서(이건 예약 시 미리 요청해 두었다) 부모님과 떨어져 다른 방에서 자는 것에 대한 걱정과 위험이 덜했다.

독일에서의 느낌과 감상을 정리하면 다음과 같다.

첫째, 시내 교통을 이용하기가 너무 편리하였다. 버스와 트램, 지하철을 표 한 장으로 모두 이용할 수 있었으며 도시의 지도에 많은 도로교통 정보가 수록되어 있어서 초행자도 이용에 크게 불편함이 없었다.

둘째, 독일 사람들은 시내에서 이동할 때 자전거를 많이 이용하였다. 그래서 자전거 도로가 꼭 트램이나 버스 길 옆에 인도와 나란히 배치되어 있었다. 자전거 도로에 익숙하지 않은 우리는 늘 자전거 도로를 점유하여 자전거 통행에 방해될 때가 많았다.

셋째, 대부분의 신호등은 무시되는 경우가 많았다. 버스나 트램을 위한 도로가 거의 편도 1차선이거나 2차선이라서 횡단보도가 그리 길지 않았다. 그래서인지 주변을 살피고 차가 없는 경우에는 신호를 무시하고 건너가는 경우가 많았다.

넷째, 많은 독일 사람들이 영어가 가능하지만, 그렇지 않은 현지인도 많았다. 특히 노인들은 영어를 전혀 못 하는 경우가 있었다.

다섯째, 대부분의 사람들이 친절하다. 예를 들어 고장 난 버스표 판매기 앞에서 우물쭈물 하고 있으면 지나가는 누군가가 고장이 났다고 알려 주고, 매표할 수 있는 다른 방법을 알려 주었다.

여섯째, 흡연에 관대하다. 물론 실내에서 담배를 피우지는 않았지만, 실외 어디에서도 금연 표지는 찾아볼 수 없었고, 길가 어디에서나 흔하게 담배 연기를 접할 수 있어서 많이 힘들었다.

일곱째, 수많은 명차 브랜드를 소유하고 있는 독일에서 중대형 승용차를 보는 것은 어려웠다.

여덟째, 서머타임 시행으로 밤 9시가 되어도 밝은 하늘을 볼 수 있었다.

아홉째, 인터넷이 잘 연결되지 않았다. 무료 와이파이가 된다는 기차에서도 연결이 잘 안 되었다.

열 번째, 호텔에서도 무료 와이파이가 된다고 하지만 모두 비밀번호를 넣어야만 하고 연결도 잘 안 되었다.

열한 번째, 독일의 법원은 종류에 따라 출입문의 종류나 자유로운 출입의 가능 여부가 달라지는 것 같다.

헤이그 _ DEN HAAG
국제사법재판소 · 상설중재재판소 · 국제형사재판소
유고 전범재판소 · 이준 열사 기념관

    마지막 법원 투어 일정을 위한 아침이 밝았고, 넓고 붐비지 않은 호텔 뷔페에서 아침을 시작하였다. 호텔에 짐을 맡겨 두고 처음 향한 곳은 평화궁(Peace Palace)이었다. 이곳은 여행을 떠나기 전에도 뭔가 명확치 않은 장소였다. 국제사법재판소(International Court of Justice, ICJ)를 검색하였을때, 평화궁이 검색되었고, 국제사법재판소와 평화궁이 동일 장소인지, 평화궁 내에 국제사법재판소가 있는지, 평화궁이 어떤 장소인지 명확히 알지 못했다.

    평화궁은 네덜란드 헤이그에 있는 국제법률행정 건물이었다. 그곳에는 국제사법재판소, 상설중재재판소(Permanent Court of Arbitration, PCA), 국제 법률의 헤이그 아카데미와 평화 궁전 도서관이 있었다.

    궁전은 공식적으로 1913년 8월 28일에 개관하였다. 원래는 1899년 상설중재재판소에 대한 건물을 제공하기 위해 구축되었는데, 1922년 UN의 국제사법재판소가 추가로 입주했다. 법원 설립에 주도적인 노력

평화궁(Peace Palace)

을 했던 앤드류 딕슨 화이트는 평화궁을 짓기 위해 미국의 철강왕인 그의 친구 앤드루 카네기로부터 150만 달러(현재의 화폐 가치로 환산하면 4억 달러)를 확보하였다.

처음에는 국제법에 대한 도서관 설립을 위해 돈을 기부하는 것에만 관심이 있었다. 그러나 1903년에 카네기는 법원 건물을 짓는 데 필요할 뿐만 아니라, 국제법 관련 도서관에 기부하는 데 필요한 150만 달러를 기부하는 데 동의하였다. 1903년 11월 카네기 재단이 평화궁 건설, 소유 및 유지 보수를 관리하기 위해 설립되었고 이 재단은 여전히 이러한 문제들을 담당하고 있다. 평화궁은 그들의 지지의 표시로 두 번째 헤이그 회의에 참석한 다른 국가의 많은 선물로 채워졌다.

(출처 : 인터넷 위키피디아 영문판)

　독일 연방헌법재판소에서 예약에 대한 사소한 오해로 낭패를 본 경험이 있어서 같은 실수를 반복하지 않기 위해 조금은 일찍 평화궁에 도착하도록 서둘렀다. 9시를 조금 넘겨서 트램을 타고 평화궁에 도착하였고, 검색대를 겸한 경비 초소에서 9시 40분에 투어 안내소가 문을 연다는 안내를 받고는 주변에서 사진을 찍으며 시간을 보냈다.

　비가 와서 이동하거나 야외에서 기다리기가 힘들었다. 간간이 다른 나라에서 온 듯한 일부 사람들이 우리처럼 시간을 보내고 있었고, 많은 중국인들이 단체로 와서는 사진을 찍는 모습이 보였다. 안내소 입구에는 나무가 한 그루 있었고, 평화를 기원하는 메시지가 적힌 많은 리본이 묶여 있었다. 건물 벽 한 켠으로 세계 각국의 언어로 인사말이 적힌 철제 구조물이 보였고, 당연히 한국어 인사말도 눈에 띄었다.

평화를 기원하는 메시지

한글 인사말

시간은 금방 흘러서 경비원이 알려 준 정시에 안내소 문은 열렸고, 우리 가장 먼저 안내소로 입장할 수 있었다. 평화궁 홈페이지에 인적 정보를 입력하고 예약해 두었는데, 예약자 명단에 우리 가족 이름이 없다고 했다. 현장 예약으로 11시 30분에 가이드 투어가 가능한데, 오디오 투어를 한다면 가이드 없이 45분 정도의 오디오 투어가 가능하다고 하였다(가이드 투어를 해야만 평화궁 내부로 들어가서 구경할 수 있었다).

　국제형사재판소(International Criminal Court, ICC) 방문 일정도 있었기 때문에 일단은 국제형사재판소를 먼저 방문하고 오기로 하였다. 그래서 1시 40분 가이드 투어를 예약하고 안내소를 나섰다. 안내원은 1시 20분까지 와야 한다는 말을 덧붙였다.

　평화궁 앞에는 커피를 파는 푸드 트럭이 있었고, 주인은 키가 아주 큰 중년의 아저씨였다. 이곳에서 국제형사재판소까지 대중교통이 복잡하

푸드 트럭

여 택시를 타기로 했지만, 네덜란드에서 택시를 한 번도 타 보지 않은 터라 푸드 트럭 아저씨에게 어디에서 택시를 타야 하는지 물어보았다. 친절하게도 본인의 전화기로 택시 회사에 전화를 걸어서 나에게 건네주었다. 5인 가족이라 대형 택시를 요청하였더니, 상대방은 다른 전화번호를 알려 주면서 그쪽으로 전화해 보라고 하였다. 하는 수 없이 아저씨에게 전화를 다시 건네주니 잠깐의 통화 뒤에 우리에게 기다리면 택시가 올 것이라고 전해 주었다. 감사한 마음에 음료 몇 잔을 구입한 후 택시가 올 때까지 기다렸다.

한참 동안의 시간이 흘러도 택시가 오지 않길래 아저씨에게 다시 문의하였고 그 즈음 택시가 도착하였다. 정장을 입은 택시 기사는 친절하게 문까지 열어 주었고, "택시에 커피가 있는데 뭐하러 사셨냐"고 말했다. "ICC에 간다"고 하자 "ICC가 두 곳이 있는데 어딜 가실 거냐"고 물었다. 우리가 '재판소'에 간다고 이야기하자 택시는 빗길을 출발하였다. 택시를 타고 가는 동안 기사는 국제형사재판소가 위치한 곳이 유명한 해수욕장 인근이라고 했다. 화창한 날에는 해변에 가 보면 참 좋을 것이라고 했지만 밖에는 비가 내리고 있었다.

택시를 타고 지나가면서 주변에 네덜란드를 미니어처로 만들어 놓은 관광지가 있다고 알려 주었다. 지나가는 동네가 마치 함부르크의 국제해양법재판소가 위치했던 동네처럼 개인 주택이 즐비하게 늘어서 있어서 "고급 주택가냐"고 물었더니 그렇지 않다고 했다. 목적지에 거의 도착할 무렵, 기사는 국제형사재판소에는 구경할 것이 아무것도 없고 건물뿐인데 국제형사재판소로 가는 것이 맞는지 다시 한 번 확인하였다. 돌아가는 길에 택시를 어떻게 타야 할지 물었더니, 국제형사재판소 안내소에서 택시를 요청하면 불러 줄 것이라고 하였다. 요금을 지불하고 나서 영수증을 요청하였더니 메모지에 영수금액을 적어 주는 기사의 표정이 별로 좋지 않았다.

국제형사재판소 역시 입구에 경비 초소가 있었고, 그 옆쪽으로 보안 검색대가 위치하고 있었다. 경비원에게 방문 목적을 이야기하고 입장이 가능한지 물어보았다. 여권을 맡긴 후 모든 짐을 보관하고(카메라까지) 건물 안으로 들어갈 수 있었는데 다행히 휴대전화는 소지가 가능하였다.

보안 검색대를 통과한 후 인공호수를 가로지르는 다리를 건너서 건물로 입장하였다. 건물 입구에 들어서자마자 정면으로 2명의 안내원이 데스크에 앉아 있는 것을 볼 수 있었고, 들어오는 왼쪽에 놓여진 전시판만 관람이 가능하며 사진촬영은 금지라는 안내를 들었다.

국제형사재판소는 2002년 7월 1일 설립되었으며, 국제 범죄자에 대한 재판을 맡은 국제 재판소이다. 공용어는 영어와 프랑스어로 국제사법재판소와 혼동되지만 국제사법재판소는 UN의 사법기관이며, 국가 간의 법적 분쟁만을 취급하기 때문에 개인형사 책임에 한정되는 국제형사재판소와는 구분된다.

국제형사재판소의 관할권은 집단살인죄, 인도에 반한 죄, 전쟁범죄, 침략범죄 4가지로 침략범죄에 대해서는 그 정의가 명확히 정해지지 않아서 현재 국제형사재판소의 관할이 아니다. 국제형사재판소의 설립 목적은 국제적으로 중대한 범죄에 대해 책임이 있는 개인을 소추하며 처벌

하는 것인데, 두드러진 특징으로는 피해자 신탁기금을 설립하여 운영하고 있는 것이다. 재판소는 적당한 이유가 있을 때 신탁기금을 통한 배상을 명령할 수 있고 개인과 집단이 대상이 된다.

국제형사재판소는 4개의 조직으로 구성되는데, 재판소장 회의, 재판부, 검찰국, 서기국이 있다. 재판소에는 18명의 판사가 있으며 과반수 투표로 3명을 선출하여 3년 임기의 재판소장 회의를 구성한다. 재판부는 예심재판부문, 제1심 재판부문, 상소재판부문으로 배분되어 각각 제1차장과 6명의 판사, 제2차장과 5명의 판사, 재판소장과 4명의 판사로 구성된다.

18명의 판사는 임기가 9년으로 체결국 회의에서 선거로 선출되는데, 각 체결국이 추천할 수 있는 후보자는 1명이다. 재판관은 매 3년마다 3분의 1씩 교체되며 각국의 최고법원의 판사 자격을 갖춘 사람으로서 형사

국제형사재판소

재판 실무경험자 또는 국제법 관련 실무경험자로 자격을 정하고 있다.

현재 국제형사재판소에서 근무하고 있는 한국인 재판관은 정창호 재판관으로 2015년 3월 11일부터 9년 임기로 예심재판부문에 관여하고 있다. 검찰국은 다른 부문과는 달리 독립 권한을 가지고 있는데, 수사부문과 소추부문·관할·보완성 및 협력통괄부문으로 나누어져 있다. 서기국은 사법적 기능 이외의 업무나 운영에 대해 담당하는데, 1명의 서기로 구성되며 5년 임기로 재선이 가능하다. 현재 124개국이 협약을 비준했다(2017년 1월 국제형사재판소 홈페이지 기준).

국제형사재판소의 설립과 운영에도 몇 가지 문제점이 있다. 가장 큰 문제는 미국의 반대인데, 미국은 국제형사재판소가 정치적으로 이용될 우려가 있다며 반대하고 있다. 미국 외에도 여러 나라에서 자국의 이익을 목적으로 반대 입장을 표하고 있다.

현재 상황을 조사하고 있는 사건 관련국으로는 우간다, 콩고민주공화국, 수단 다르푸르, 중앙아프리카 공화국, 케냐, 리비아, 코트디부아르, 말리, 중앙아프리카 공화국 II 그리고 그루지아가 있다(2017년 1월 국제형사재판소 홈페이지 기준).

(출처 : 인터넷 위키피디아 영문판, 국제형사재판소 홈페이지)

　전시판에는 국제형사재판소에서 재판이 벌어졌던 사건들에 대한 안내와 국제형사재판소에 대한 소개가 있었는데, 특이한 것은 모든 안내판에 QR 코드가 있어서 QR 코드를 찍으면 인터넷으로 그 내용을 볼 수 있었다.
　전시 공간 끝에서 벽 너머로 토론 소리가 들렸다. 그리고 그 벽 앞에 한 여성이 서 있었다. 내가 궁금해 하자, 지금 안에서 토론 수업이 진행 중이라고 덧붙였다. 수업이라고 하는 것을 보니 다른 국제법원과 마찬가지로 방학기간 동안 진행되는 캠프가 있을 거라고 짐작되었다. 따로 안내를 해주는 직원도 없었지만 관람을 간섭하거나 신경 쓰는 직원도 없었다. 전시물을 관람한 후 반대쪽 복도에 위치한 카페에 잠깐 앉아서 비오는 인공연못을 구경하였다. 날아든 갈매기를 보면서 아까 택시 기사가 전해 준 근처의 해수욕장을 떠올렸다.
　1시 40분에 예약되어 있는 평화궁으로 출발하기에는 조금 이른 시간에 국제형사재판소 관람이 종료되었기 때문에 남은 시간에 우린 근처에 있는 미니어처 공원인 마두로담에 가기로 마음먹었다. 국제형사재판소에서 지하철역까지는 꽤나 먼 거리였다. 비를 맞으면서 걸어가느라 그냥 걷는 것보다 좀 더 힘들었다. 한참을 걸어서 트램 역에 도착했지만 마두로담까지는 불과 한 정거장 거리였다.

마두로담

　마두로담은 유명한 네덜란드 랜드마크의 1:25 규모 모델 복제이다. 미니어처의 대부분이 야외이기 때문에 정기적인 도색 덧작업이 필요하다. 식물과 거리 장식을 포함한 모든 것들을 축소한 것으로 전시하고 있는데, 축소된 나무를 생산하는 것은 시간이 필요하다. 또한 건물 주위에 많은 작은 사람들이 있는데, 네덜란드 사람들의 실제 생활을 보여 준다. 그리고 이러한 '주민들은' 날씨에 따라 변경되어 겨울에는 재킷과 따뜻한 옷을 입고 여름에는 T셔츠를 착용한다. 마두로담의 주민들은 점점 더 많이 다문화되고, 네덜란드에서 실제 생활을 반영하는 이민자로 보이는 일부를 포함한다. 공원의 나머지 부분과 달리 네덜란드 법원(the Hof van Nederland)은 실제 크기로 만들어졌다. 1952년 문을 열었고, 공원에서의 수익금은 네덜란드의 여러 자선 단체에 전해진다.
　마두로담이라는 이름은 네덜란드 레지스탕스 구성원으로 나치 점령군과 싸웠고, 1945년 다하우 수용소에서 사망한 큐라에서 온 유대인 법학생의 이름인 조지 마두로의 이름에서 따왔다. 공원은 지금 친구와 적으로서의 물, 역사적 도시, 세계에 대한 영감으로서의 네덜란드라는 세 가지 테마로 나누어지는데, 각 주제별로 다양한 활동을 제공한다. 방문객들은 입장 시 카드(chipped cards)를 발급받는데, 체험하는 데 사용할 수 있다.

(출처 : 인터넷 위키피디아 영문판)

 마두로담은 표를 구입하고 입장하는 곳이었는데 매표소는 건물 안에 있었다. 매표소 위에는 건물 내 1층 공간을 서로 연결하는 다리가 마치 옥상 전망대처럼 놓여 있어서 다리 위에서 공원 안쪽의 미니어처를 조망할 수 있었다.

 1시 20분까지는 평화궁에 도착해야 했기에 공원 내로 입장하지 않기로 결정하고, 멀리서나마 대강의 분위기를 구경하는 것으로 만족하였다. 마두로담 입구에는 손가락으로 댐을 막고 있는 소년 모형이 사람들의 시선을 끌고 있었다. 대충 구경을 마치고 버스를 타고 평화궁으로 향했다.

 1시 20여 분에 도착한 평화궁은 오전과 달리 많은 사람들로 붐비고 있었다. 평화궁은 가이드 투어 비용이 1인당 8유로였는데 또 문제가 생겼다. 아침에 매표한 직원이 우리 가족을 4명으로 예약한 것이었다. 서둘러 1명을 더 예약하고는 지하로 가서 모든 짐을 라커에 보관하였다. 이곳에서는 휴대전화도 소지가 불가능하다고 하였고, 검색대를 통과할 때 불편함을 해소하기 위해 동전도 모두 라커에 넣어 두었다. 다리가 불편한 여동생을 위해 휠체어를 무상으로 대여한 후 검색대를 통과하였다.

가이드는 키가 작은 단정한 정장 차림의 남자 직원이었다. 각 나라에서 온 약 30여 명의 사람들이 가이드를 뒤따랐다. 가이드는 카네기가 기금을 기부하여 평화궁을 건축했다는 설명으로 시작하였다. 우리는 간단한 개요를 듣고, 건물 입구로 들어섰다. 이곳도 마찬가지로 건물 입구에서부터 각 국가로부터 받은 선물이 있었고, 경비원 뒤쪽에 놓인 '해치'도 볼 수 있었다. 한국으로부터 전달된 선물이라는 안내가 작게 붙어 있었다. 선물 중에는 3.2톤짜리 러시아 꽃병, 벨기에 문, 덴마크 분수, 일본의 벽 카펫, 스위스의 시계, 페르시아와 이란의 카펫 등이 있었다. 건물의 입구에서 건축에 사용된 이탈리아 대리석이나 인도네시아와 미국의 나무들 또한 선물로 조달된 재료들이라는 설명을 들으면서 우리는 왼쪽 복도를 따라서 큰 방으로 향했다. 국제사법재판소라고 하였다.

국제사법재판소는 상설 국제 법원으로서 UN 헌장에 근거하여 1945년에 설립된 UN 자체의 사법 기관이며 UN의 6개 주요 기관 중의 하나이다. 분쟁 당사국들이 합의하여 재판소에 부탁하여야 관할권을 행사할 수 있는데, 분쟁을 국제법에 따라 재판하는 것이 임무이며, UN 총회 또는 안전보장이사회는 법적 문제에 대해 재판소에 유권 해석을 내려줄 것을 요청할 수 있다.

재판관은 15인이며, 2인 이상이 동일 국가의 국민이어서는 안 된다. 재판관의 임기는 9년이며 재선될 수 있고, 3년마다 5명씩 교체하며, 임기가 종료되지 않은 재판관의 후임으로 선출된 재판관은 전임자의 잔여 임기 동안만 재직한다. 재판관은 상설중재재판소의 국별재판관단(각 회원국마다 4명의 재판관을 지명)이 지명한 자를 대상으로 UN 총회와 안전보장이사회에서 각각 독자적으로 선출하며 절대다수표를 얻은 후보자가 당선되는데, UN 회원국이 아니라도 재판소 규정 당사국은 총회에 참석하여 재판관을 선출할 수 있다.

재판소 규정에 달리 명문의 규정이 있는 경우를 제외하고는 원칙적으로 재판관 15인 전원이 출석하는 전원재판부에서 재판을 행하며, 전원재판부의 최소 정족수는 9인이다. 판결은 출석한 재판관의 과반수에 의하며, 가부동수인 경우에는 소장 또는 소장을 대리하는 재판관이 결정투표권을 행사한다. 분쟁 당사국의 국적을 가진 재판관이라도 특별한 기피사유가 없는 한 재판에 참여할 수 있으며, 국적재판관이 없는 경우에는 당해 사건에 한하여 1명의 임시재판관(ad hoc judge)을 임명할 수 있다.

재판소의 공용어는 프랑스어와 영어이며, 당사자들의 합의에 따라 해당 언어로 판결이 내려지는데, 합의가 없을 때에는 프랑스어와 영어 모두로 판결을 내리며, 재판소는 둘 중에서 하나의 언어로 판결문의 정본을 결정한다. 재판은 관할권에 관한 사항과 본안으로 나누는데, 전자는 분쟁에 대하여 재판소가 재판을 할 수 있는지 여부에 대한 심리이다.

통상 재판소의 관할권이 인정된 후에 본안이 진행되지만 사건에 따라 관할권 판결과 본안 판결을 일괄하여 행해지는 경우도 있다. 사건이 두 국가 간에 제기되었다 하더라도 제3국에도 해당 분쟁이 중요한 사안인 경우에는 필수적 공동당사자가 참여하지 않았음을 이유로 재판을 거부할 수 있으며, 선결적 항변이 있으면 본안 심리가 정지되고 관할권에 대한 심리가 진행되어서 항변이 인용되면 재판이 종료되지만 기각되면 본

안 절차를 개시한다.

　재판소의 판결은 분쟁의 당사자와 특정 사건에 대해서만 구속력을 가지게 되며, 판결은 종국적이며 상소할 수 없다. 재심은 당사자가 판결이 선고되었을 당시에 과실 없이 알지 못하였던 결정적 사실을 발견한 경우에만 한하여 청구할 수 있는데, 판결일부터 10년이 지난 후에는 재심을 청구할 수 없다.

　UN 회원국은 UN 헌장에 따라 어떤 사건에 있어서도 재판소의 결정에 따를 것을 약속하고 있기 때문에 당사국의 일방이 판결에 기초한 의무를 이행하지 않을 경우에는 타방 당사국은 안전보장이사회에 제소할 수 있고, 안전보장이사회는 필요하다고 인정하는 경우 판결을 집행하기 위하여 권고하거나 일정한 조치를 결정할 수 있다.

　권고적 의견은 UN 총회와 안전보장이사회, 총회로부터 승인을 받은 UN의 다른 기관과 전문기구가 부탁한 법적 문제에 관하여 재판소가 유권 해석을 내리는 것을 말하는데, 권고적 의견은 법적 구속력이 없는 것이 원칙이다.

(출처 : 인터넷 위키피디아 영문판, 국제사법재판소 홈페이지)

　특별할 것이 없는 그냥 평범한 방이었으며, 전면으로 재판관의 자리가 위치했고 앞쪽으로 청중들을 위한 의자가 전부였다.

　건물의 가장자리로 이어지는 복도를 걸어가면서 놓여진 전시물들에 대한 설명을 덧붙인 후 다음에 들어간 방은 상설중재재판소였다.

상설중재재판소는 엄밀한 의미에서는 법원이 아니지만 중재재판소의 서비스가 회원국, 국제기구 또는 국제협약에서 발생하는 사적 당사자 사이의 분쟁을 해결하기 위해 제공되는데, 업무의 범위는 영토 및 해양 경계, 주권, 인권, 국제 투자, 국제 및 지역 무역과 관련된 법적 문제에 걸쳐 있다. 상설중재재판소에 121개 회원국이 있으며(2017년 1월 상설중재재판소 홈페이지 기준), UN의 기관은 아니다. 사건을 듣는 재판관 또는 중재인은 법원의 구성원이라고 불리는데, 각 회원국이 6년 임기의 4명을 임명할 수 있다.

상설중재재판소의 예산은 중재 사례를 통한 수입과 회원국의 기부에서 비롯되는데, 중재 당사자는 중재인·서기 및 관리 기능의 급여를 포함하여 사건을 듣도록 설정된 중재재판소의 비용을 지불해야 한다.

상설중재재판소의 두 회원국이 상설중재재판소에 중재 분쟁을 제출하기로 결정하면 두 회원국 사이에 중재가 이루어지고, 재판은 5명의 중재인으로 구성되는데 이 중 4명은 각 당사국이 의해 2명씩 선정한다(한 사람은 관련국 국민이 될 수 있음). 5번째 및 의장 주재인은 각 당사국에 의해 선정된 4명의 중재인이 선정하는데, 지명에 합의가 되지 않을 경우에는 상설중재재판소 사무총장은 임명권자로서의 역할이 요구될 수 있다.

(출처 : 인터넷 위키피디아 영문판, 상설중재재판소 홈페이지)

국제사법재판소보다는 큰 방이었으며 전면으로 재판관을 위한 자리가 배치되었고, 그 앞쪽으로 청중을 위한 의자들이 놓여져 있었다. 얼마 전 판결이 난 남중국해와 관련된 재판이 이곳에서 열렸다고 했다.

복도는 전기 조명이 전혀 없이 건물 중앙의 정원에서 들어오는 자연광에 의지하여 밝혀지고 있었고, 복도를 따라서 배치된 방들 안쪽으로 사람들이 근무하는 것을 볼 수 있었으나 정확히 어떤 업무를 하는 곳인지는 알 수 없었다.

2층으로 올라간 우리는 커다란 방으로 안내되었는데 각양각색의 무늬로 장식이 된 수많은 등받이 의자가 정렬되어 있었다. 가이드는 전 세계 각 나라를 표시하는 문양이라고 설명하였는데, 놀라운 것은 이 방의 이름이 일본 방이라는 것이었다. 이유는 이 넓은 방 벽을 장식하고 있는 직물이 일본에서 선물한 것이기 때문이라고 했다. 이 직물을 만드는 데 수

평화궁 안내소 전시물
(국제사법재판소 재판관 복장과 카네기 흉상)

십만 명이 동원되었다고 했다. "언제 선물받았냐"는 나의 질문에 안내자는 "건물이 지어질 당시에 받았다"라고 답했다. 나는 일본인들이 만든 것이 아니라 그 시기 일본의 식민지였던 한국을 비롯한 동남아 여러 국가들의 국민들이 만들었을 것이라고 짐작했고, 일본의 만행에 대해 상기하며 울분을 삭였다.

길지 않은 가이드 투어를 마치고 나온 우리는 안내소 내에 전시되어 있는 평화궁에 대한 설명과 건축 배경, 내부에 있는 시설에 대한 안내를 둘러보고 유고 전범재판소를 향해 길을 나섰다.

유고 전범재판소는 1991년 이후 구유고슬라비아에서 자행된 국제인권법에 대한 심각한 위반에 대한 책임자들을 기소하기 위하여 1993년 5월 25일 통과된, UN안전보장이사회의 결의안 827에 의해 설립된 국제법정으로 UN의 일부이다.

지금까지 총 161명이 기소되었는데 1심 재판의 나머지 재판(2016년 10월 기준으로 단 하나의 재판, Ratko Mladić의 재판)과 2013년 7월 1일 이전에 개시가 된 항소심(2016년 10월 기준으로 6명을 포함하는 한 가지 사건이 있다)이 완료되면 종료될 예정이다. 2013년 7월 1일 이후에 개시된 항소재판은 후신인, 국제형사재판소에서 진행되었다.

재판소는 챔버, 서기, 검찰로 조직이 나누어진다. 챔버는 판사와 조수로 구성되는데, 재판소는 3개의 챔버와 1개의 항소 챔버를 운영하고 있다. 재판소에는 7명의 영구 판사와 1명의 임시 판사가 있으며 서기는 재판소의 행정 처리에 대한 책임을 지는데 현재는 호주의 존 호킹(John

Hocking)이다(2009년 5월 이후로).

법원의 피고인들과 임시 석방을 거부한 사람들은 법원 건물로부터 도로로 3킬로미터 떨어져 있는 UN 구금 시설에 구금된다. 피고는 화장실, 샤워실, 라디오, 위성 TV, 개인용 컴퓨터(인터넷 접속 없이), 다른 사치품이 있는 개인방에 거주하게 되는데, 매일 가족과 친구들에게 전화가 허용되고, 부부가 방문을 할 수 있다. 또한 도서관, 체육관, 종교 의식에 사용되는 다양한 객실이 존재하며, 수감자가 스스로 요리도 할 수 있다.

감옥이라기보다는 대학 기숙사에 더 가깝기 때문에 일부는 조소적으로 '헤이그 힐튼'으로 부른다. 다른 감옥에 비해 상대적으로 호화로운 이유는 초대 재판소장이 피고는 유죄가 확정될 때까지 무죄라는 것을 강조하기를 원했기 때문이다. 일부에서는 구유고슬라비아에서의 전쟁이 여전히 진행되는 동안에는 재판소가 활동할 수 없었기 때문에 회의적이라

유고 전범재판소

는 비판도 있다.

(출처 : 인터넷 위키피디아 영문판)

　아버지께서는 여행을 떠나기 전에는 국제형사재판소와 유고 전범재판소를 동일한 기관으로 착각하셔서 유고 전범재판소에 대해서는 아무런 준비를 하지 못하셨고, 이곳에 도착한 후 국제형사재판소와는 다른 재판소라는 것을 알게 되었다고 하셨다.

　전철로 멀지 않은 곳에 위치한 유고 전범재판소는 출입문 앞에 차단기가 놓여져 있어서 쉽게 접근할 수 없었다. 멀리서 한참을 바라보고 있다가 건물에서 걸어 나오고 있던 두 남자에게 다가가서 "건물 안으로 들어갈 수 있는지, 입구는 어디인지" 물어보았다. 그들은 "우리가 나온 곳으로 들어가면 되는데 건물 안으로 들어갈 수 있는지 한 번 시도해 보라"고 했다. 용기를 내 건물 입구로 갔다.

　다른 재판소와는 달리 무거운 분위기의 무장한 경비원이 2명이나 나왔다. 이곳을 구경하고 싶다는 말을 했고, 가이드 투어가 있는지도 물었다. 경비원은 미리 예약을 하였는지 확인한 후에 예약을 통해서 가이드 투어가 가능하며, 허락받지 않은 사람은 건물 내로 들어갈 수 없다고 하였다. 분위기와 다르게 친절하게 응대해 주었다. 할 수 없이 발길을 돌려야 했지만 특히 관심을 가졌던 곳이었는데 방문하지 못해서 많이 아쉬웠다.

　유고 전범재판소를 국제형사재판소와 혼동하여 미리 가이드 투어를 준비하지 못해서 생긴 일이었다. 이곳에 와서 알게 된 사실은 유럽에는 각각의 전쟁이나 사건별로 담당하는 재판소가 따로 있다는 것이다. 유고 전쟁, 이란전쟁, 독일전쟁 등등에 대한 재판소들이 모두 따로 존재하여 각 사안에 대한 재판만 진행되었다는 것이다.

부모님은 시간이 많지 않지만 욕심을 내서 시내의 'ICC'를 방문하기로 하셨다. 부모님을 따라 가족들과 비가 오는 궂은 날씨에 지하철을 내려서도 10여 분을 걸어서 도착한 ICC 건물 안으로 들어서자마자 안내소 여직원에게 방문 의사를 전했다. 직원은 예약되어 있는지 물었고 나는 예약하지 않았다고 답했다. 여직원은 이곳에는 여러 회사가 있는데 어디를 찾아왔는지 물었다.

그 말을 듣는 순간, 완전히 잘못 찾아왔다는 느낌이 들었다. 국제상공회의소(International Chamber of Commerce, ICC)였다. 영문 약자가 같아서 발생한 해프닝이었다. 건물 안에는 여러 회사가 있었으며, 안내소는 건물에 입주한 모든 회사들을 안내하고 있었다. 부모님께서는 국제형사재판소의 분원 정도로 생각하셨던 것 같았다. 막상 잘못된 목적지라는 것을 알고 나니 허탈했다. 이후 파리로 가는 기차 시간이 촉박했음에도 부모님은 이준 열사 기념관을 가야겠다고 결심하셨고 평소에 이준 열사를 존경하는 나에게는 굉장히 반가운 소식이었다.

늘 그랬듯이 구글 지도에 의지하여 다시 버스를 타기 위해 중앙역으로 비를 맞으며 걸어갔다. 이준 열사 기념관은 중앙역에서 버스를 타면 가까운 거리였다. 파리행 기차 시간을 확인해 가면서 버스를 탔던 우리는 버스가 첫 번째 정거장에 섰을 때 뭔가 잘못되었다는 것을 느꼈다. 서둘러 버스에서 내린 우리는 버스가 다른 방향으로 가고 있다는 것을 알았고, 또 잠시 깊은 고민에 빠졌다.

만약 굳이 이준 열사 기념관에 간다면 호텔로 가서 짐을 찾은 다음 다시 중앙역으로 가서 로테르담까지 기차로 이동한 후에 파리행 기차 시간에 맞추어야 하는데 시간이 너무 촉박하였다. 그래도 이렇게 허탈하게 헤이그를 떠날 수 없다는 오기로 이준 열사 기념관을 방문하기로 결정했다.

이준 열사는 와세다 대학에서 법학을 전공한 검사로, 이준 열사 기념관 방문이 법원 견학이라는 이번 여행 목적과도 일부 부합되는 점이 있기도 하였지만 법관으로서 사회적 역할과 책임에 대하여 생각해 볼 수 있는 기회를 가질 수 있기를 기대하였다. 또한 이역만리 이곳에서 열강들의 냉담한 반응으로 회의 참석의 길이 막히자 통분을 이기지 못하고 순국한 후, 헤이그의 공동묘지에 묻혀 있는 이준 열사를 비롯한 이상설, 이위종 열사에 대한 존경과 고마움을 표하고 싶기도 했다.

특사들이 당시에 머물렀던 드용 호텔(De Jong Hotel)이 현재의 이준 열사 기념관이라고 한다. 이준 열사 기념관은 1995년 8월 5일, 타국에서 나라를 위해 헌신적으로 일한 열사들을 추모하고 후손들에게 의미 있는 역사의 현장을 널리 알리고자 개관했는데 당시 국내외에서 일어난 독립운동의 전개 내용과 다양한 정보, 만국평화회의 당시 열사들의 활약상과 자료들을 알차게 전시하고 있다고 한다. 또한 열사들을 추모할 수 있는 물품도 전시되어 있는데 그중 이준 열사의 이력서와 청원서는 진품이라고 한다.

서둘러 재촉한 걸음으로 이번에는 실수 없이 기념관에 도착할 수 있었

이준 열사 기념관

다. 차이나타운에 위치한 허름한 건물 벽에 붙어 있는 'YI JUN'이라는 글자와 2층으로 올라가는 문에 붙은 이준 열사 기념관 표지로 우리는 이곳이 이준 열사 기념관이라는 것을 알 수 있었다. 그러나 건물은 너무나 초라한데다가 1층은 공사 중이었고, '방문자는 우측 벨을 누르라'는 종이에 적은 글씨에 따라 벨을 아무리 눌러도 대답이 없었다. 힘들게 찾아온 기념관치고는 너무 초라하였다. 평소에도 외국에 위치한 우리나라 관련 기념관의 현실을 인지하고 있었음에도 속상했다. 그러나 우리는 우울한 감상에 젖을 여유도 없이 서둘러 호텔로 향했다.

이제 파리행 기차를 걱정해야만 했다. 일단 중앙역으로 가서 로테르담행 기차를 타야 하는데, 중앙역에서 우리가 꼭 타야 하는 마지막 기차는 오후 6시 36분 기차였다. 그보다 앞서 6시 32분 기차가 있었다. 호텔 앞에서 중앙역으로 가는 버스 시간은 아직 8분이나 남아 있었다.

정거장에 있던 현지인은 버스도 중앙역으로 가지만, 트램 또한 중앙역으로 간다고 알려 주었다. 트램을 탄다면 조금 더 빨리 중앙역에 도착할 수 있었다. 그러나 뒤쪽에 서 있던 아주머니께서 트램은 중앙역으로 가지 않는다고 다시 정정하여 알려 주셨다. 하마터면 기차를 탈 수 있는 마지막 기회마저 놓칠 뻔했다. 한참을 기다린 뒤에 버스를 탈 수 있었고, 중앙역 2층의 버스정거장에서 내려 1층 플랫폼으로 뛰어내려 갔다. 시계를 보니 6시 30분이었다.

한숨 돌리며 기차가 있어야 할 3번 플랫폼을 확인하던 우리는 플랫폼에 기차가 없다는 것을 알 수 있었다. 아직 기차가 출발할 시간이 2분이나 남아 있었지만, 뭔가 불길한 예감이 들었다. 주변에 있던 승무원들에게 6시 32분에 로테르담으로 가는 기차가 3번 플랫폼에 보이지 않는다고 물어보았더니, 옆 플랫폼에 있는 노란색 기차를 가리키며 그것을 타면 된다고 했다.

플랫폼이 바뀌었다고 생각하며 서둘러서 노란색 기차에 올랐다. 우리가 늘 탔던 기차와 색깔이 달랐지만, 독일이 아닌 네덜란드라서 기차색이 다를 거라고 생각하며 기차에 올랐다. 로테르담까지는 20여 분 남짓 걸리므로 굳이 1등석을 찾아가지 않았다.

기차에 오르자마자 자리를 잡은 동생들은 호텔 근처 패스트푸드 가게에서 사들고 온 핫윙을 먼저 펼쳤다. 나는 불안한 마음에 출입문 앞에 서 있던 남녀에게 다가가서 이 기차가 로테르담으로 가는 기차가 맞는지 확인을 하였고, 로테르담에서 파리로 출발하는 기차 시간을 보여 주면서 시간에 맞추어 도착할 수 있는지 물어보았다. 남자는 이 기차를 타고 가면 2~3분 정도 늦게 도착할 거라며 파리행 기차가 연착하면 가능하지만 그럴 일은 거의 없다고 웃으며 말했다.

기차가 첫 번째 정거장에 도착했을 때 반대편 플랫폼에 우리가 늘 탔던 기차와 동일한 색깔의 기차가 서 있는 것을 보았다. 아까 그 남자는 보이지 않았고 여자만 보였다. 이번에는 여자에게 저 기차는 어디로 가는 기차인지 물어보았다. 여자는 저 기차가 로테르담행 기차이고, 저 기차를 타야만 파리행 기차 시간을 맞출 수 있을 거라고 말했다. 그러나 동생들은 짐을 풀고 핫윙을 먹고 있었고, 기차 문은 이미 닫히려 하고 있었다. 고맙게도 그녀는 기차 문이 계속 열리도록 버튼을 눌러 주었고, 우리는 서둘러 짐을 챙겨서 기차에서 뛰어내렸다.

핫윙을 들고 내리던 여동생이 넘어지면서 아픈 무릎을 바닥에 찧는 사고가 있었지만, 서둘러 뛰어간 우리는 다행히 반대편 플랫폼의 기차에 겨우 오를 수 있었다. 어느 틈에 뛰어왔는지 로테르담까지 간다던 그 여자도 역시 우리와 같은 기차에 올라 있었다. 로테르담까지는 겨우 10여 분 거리였다. 이 기차를 타고 가면 2분 정도의 시간 여유가 있는데, 이 기차는 6번 플랫폼에 도착하고 우리가 타야 할 파리행 기차는 3번 플랫폼에서 출발하니까 기차에서 내려서도 서둘러야 했다.

도움을 준 그분에게 감사의 표시로 한국에서 사 가지고 간 책갈피 하나를 선물했다. 그분은 집이 로테르담이고, 헤이그에서 공무원으로 일한다고 하였다. 본인은 로테르담이 종착역이라서 파리행 기차까지는 같이 갈 수 없다며 우리에게 이 기차에서 내려 오른쪽에 있는 에스컬레이터를 타고 지하로 내려간 뒤 다시 오른쪽으로 돌아서 에스컬레이터를 타고 올라가면 파리행 기차를 탈 수 있을 거라며 상세하게 길을 가르쳐 주었다.

그러나 로테르담에서 기차가 정차하자 그녀는 우리보다 앞서서 뛰어가더니 우리를 파리행 기차 문 앞까지 안내해 주었다. 그리고는 기차 밖에 있던 승무원들에게 파리행 기차임을 확인하였고, 우리가 늦어서 뛰어왔다는 말을 전하는 듯했다. 우리는 연신 그분에게 감사함을 전하며 가방을 들고, 메고, 끌면서 우리 좌석을 찾아 갔다(로테르담-파리 구간은 좌석 예약이 필수였다).

파리행 기차에 오르고서야 마음이 놓였다. 자리를 잡고 짐을 정리하고 있는데 승무원이 오더니 가족들에게 뭘 마시겠냐고 물었다. 힘들게 뛰어와서 짐을 정리하는 승객에게 숨 돌릴 틈도 주지 않고 마실 음료를 물으니 당황스러웠다. 일단 지금은 정신이 없으니 나중에 필요하면 그때 부르겠다고 이야기했다.

짐을 선반에 올리고 주위를 둘러보니 4인용 마주보는 좌석과 그 옆에 2인용 마주보는 좌석으로 배치가 되어 있었다. 맞은편에는 인자한 인상의 할아버지께서 앉아 있었다. 얼굴을 맞대고 앉아 있다 보니 말을 건네게 되었는데 전에 컨퍼런스를 위해 한국을 방문한 적이 있다고 하였고, 자녀들을 만나기 위해 파리로 가는 중이라고 하였다.

짐을 모두 정리하고 자리에 앉고 나서 아까 음료 주문을 받으려던 승무원이 다시 왔고, 무엇을 드실 거냐고 물었다. 각자가 원하는 음료를 주문한 후 얼마냐고 물었는데 무료라고 했다. 모두가 몰랐다. 그 후로도 와인과 맥주, 식사도 모두 공짜였다. 1등석의 반 이상이 비어 있었다. 아무튼 비행기보다 훨씬 나은 서비스에 만족감은 너무나 컸다. 음료와 식사를 제공해 주던 남자 승무원은 동생들에게 익살스러운 표정으로 농담을 건네며, 우리의 만족감을 배가시켜 주었다.

기차는 어둑한 밤에 파리 북역에 도착했다. 기차에서 내린 뒤 잠깐 숨을 돌리면서, 일을 마치고 가는 승무원과도 인사를 나누고, 일단 안내소를 찾아갔다. 호텔까지의 이동을 위해 파리 시내 대중교통표를 먼저 사야 했다. 안내원은 지하철역으로 가서 대중교통표를 구입하라고 안내해 주었는데, 굉장히 거만하고 귀찮은 듯한 태도였다. 한국에서 흔하게 듣던 프랑스 사람의 불친절한 태도에 '역시나'라는 생각이 들었고 프랑스와 독일이 비교될 수밖에 없었다. 파리 북역에서의 인상적인 모습은 기차역 벽 한 켠에 레이져 불빛이 쉴 새 없이 비쳐지면서 그려지는 그림이었다.

그림이 아주 역동적이어서 관광객들의 시선을 끌기에 충분하였다.

지하철역으로 이동하여 파리 시내 대중교통표를 구입하였다. 2일 밤부터 5일 공항으로 이동할 때까지 이용해야 할 표인데 이미 파리 시내 관광 버스표를 한국에서 예매한 터라 고민스러웠다. 처음에는 3일짜리 표를, 다시 2일짜리 표를 요구하다 마지막으로 3일짜리 표를 요구했다. 매표소 여직원은 나중에는 짜증 난다는 표정으로 "이번에는 진짜니?"라고 물었다. 생각보다 표 값은 비쌌다. 15만 원이 넘는 돈을 지불하고서 3일짜리 대중교통 표를 끊었다. 처음 타 보는 파리의 지하철은 좁은 통로, 밝지 않은 조명, 깔끔하지 않은 내부 때문에 썩 마음에 들지는 않았다. 지하철을 내려서 구글 맵에 의지하여 이동한 오페라 호텔은 지하철역과는 다르게 깔끔하고 넓고 고풍스런 실내로 우리의 기분을 전환시켜 주었다.

더블 침대는 높아서 영화에서 본 듯한 우아함이 느껴졌으며, 2개의 방이 연결되어 있어서 마치 스위트룸과 같은 느낌을 주었으며, 넓은 옷장과 욕실도 고급스러운 분위기에 부족함이 없었다. 특이하게 방마다 스마트폰을 비치하여 인터넷을 사용할 수 있게끔 도와주었는데, 한국어가 아니다 보니 각자의 스마트폰이 더 편하여 방에 배치된 것은 사용하지 않게 되었다.

기차에서 근사하게 저녁을 먹었으니, 따로 저녁 식사를 고민할 필요는 없었다. 그래도 그냥 잠자리에 들기에는 아쉬움이 남아서 프런트에서 마트 위치를 확인하고 거리로 나섰다. 마트는 밤 11시 30분까지 영업한다고 했다. 다리가 아픈 여동생과 어머니는 호텔에 남고 아버지와 나, 남동생과 함께 간 마트 입구에는 경비원들이 서 있어서 조금 위압감이 느껴졌다.

내부는 크고 물건이 다양해서 좋았다. 지하로 내려가면서 2개의 이어진 층으로 이루어진 마트에서 아버지께서는 눈에 띄는 에펠 탑 모양의 코냑 한 병을 친구 분께 드릴 선물로 고르셨다. 라면 몇 개와 한국에 비해 저렴한 과일(포도, 복숭아-맛이 끝내 주었다) 몇 개와 물, 음료를 사 들고 돌아왔다. 동생들과 라면을 먹었지만 맛은 영 실망스러웠다. 그래도 공식 일정을 모두 마치고 관광을 위해 들른 파리에서의 첫날 밤은 너무나 유쾌하고 즐거웠고 한편으로는 끝이 보이는 여행에 슬프기도 했다.

시간은 이미 새벽 1시를 향해 가고 있었다. 내일부터는 시간에 얽매이는 꼭 해야 할 일정이 있는 것이 아니었기에 걱정은 없었다. 이 호텔에서 처음 보는 또 다른 특징은 변기의 물이 물통에서 나오는 것이 아니라 상수도 파이프에서 나오는 물을 쓴다는 것이다(수도꼭지처럼 틀면 물이 변기로 나온다).

오페라 호텔에는 고풍스럽게 돌아내려 가는 중앙 계단이 있어서 비상계단을 건물의 한 귀퉁이에 배치하는 다른 호텔 건물들과는 다른 특징이 있었다. 승강기가 느린 이유도 있었지만 우아한 대리석 계단이 투숙객의 눈길을 끌기에 충분히 매력적이었다.

파리 관광 I _ PARIS

　오페라 호텔에서의 아침 식사에는 특이하게 날계란이 있었다. 옆에는 뜨거운 물도 있어서 아마도 취향에 맞추어 계란을 익혀 먹으라는 배려인 듯 싶었다. 이 호텔에서 많은 일본 관광객을 볼 수 있었다. 그래서인지 밥과 된장 소스가 있어서 더 좋았다.

　어머니께서는 파리 시내 관광버스 표를 한국에서 미리 예약하셨다. 파란 버스와 빨간 버스가 운행되는데, 먼저 빨간 버스를 택했다. 호텔에서 멀지 않은 거리에 오페라 가르니에가 있고 건물 뒤쪽에 버스정거장이 있었다. 덕분에 의도치 않게 파리의 관광명소 중 하나인 오페라 가르니에를 구경할 수 있었다.

　관광버스정거장 옆에는 우리에게 친숙한 유니클로 매장도 있었다. 한 블록 뒤에는 라파예트 백화점 건물이 있었다. 정거장에서는 흑인 여성 직원이 버스표를 검사하고 있었는데 지나가는 몇몇의 여자 아이들이 관광객들에게 무언가를 내밀고 서명을 요구하자 쫓아 보냈다. 나중에 알고 보니 서명이 중요한 것이 아니라 서명을 해달라고 정신을 빼놓는 사이에 소매치기를 한다고 했다.

파리 시내 관광버스는 2층으로 되어 있다. 우린 시원한 2층으로 올라가서 자리를 잡고 파리 시내를 한 바퀴 돌아야겠다고 생각했다. 채널 10번에서 한국어 오디오 가이드가 나오는데, 버스에 올라타면 바구니에 이어폰이 담겨져 있어서 하나씩 들고 가서 사용하면 된다. 그런데 불행하게도 우리가 탄 버스는 오디오가 고장 났는지 계속 잡음만 흘러 나왔다. 루브르 박물관 앞 정거장에서 고쳐지는 듯하였으나 결국 버스에서 내릴 때까지 제대로 들을 수 없었다. 오디오 가이드가 있었다면 파리 시내 관광이 더 즐거웠겠지만 보는 것만으로도 충분히 상상 이상이었다.

오페라 가르니에에서 출발한 버스는 루브르 박물관 정거장에서 오디오를 고치기 위해서인지, 루브르의 외관을 감상하기 위해서인지는 모르

오페라 가르니에

겠으나 한참을 정차하였지만 센 강변을 따라서 노트르담 성당 주변은 그냥 지나쳤다. 다음 정거장은 개선문이었다.

개선문은 높이가 50미터, 폭이 45미터, 두께는 22미터이다. 개선문은 프랑스 혁명과 나폴레옹 전쟁에서 프랑스를 위해 싸우고 죽은 사람들에게 명예를 주기 위해 프랑스의 모든 승리와 장군의 이름을 안팎으로 새겨 넣었다. 아치 천장 아래에는 제1차 세계대전 당시 알려지지 않은 군인들의 무덤이 있다.

개선문에는 4개의 조각상이 있으며, 6개의 부조가 있고, 프랑스 혁명과 나폴레옹 전쟁에 참전한 병사들의 이름이 새겨져 있고, 천장에 21개의 장미꽃 조각도 있다. 1982년에 완공된 평양의 승리의 아치는 개선문을 모델로 했다. 개선문은 성공적인 군대 캠페인과 바스티유의 날 군사 퍼레이드가 진행된 후 프랑스 군대가 합류하는 지점이 되었다.

파리에는 개선문과 같은 아치가 3개 있다. 에투알 개선문(Arc de Triomphe de l'Ètoile), 가장 작지만 오래된 카루젤 개선문(Arc de Triomphe du Carrousel), 그리고 라데팡스 개선문(La Grande Arche de la Défense) 등이다. 카루젤 개선문은 루브르 박물관 서쪽에 있다.

(출처 : 인터넷 위키피디아 영문판)

개선문 앞에는 많은 사람들이 사진 찍기에 여념이 없었고, 특히나 최고의 사진 포인트로 보이는 개선문 앞 횡단보도 중앙에도 역시나 사진을 찍는 사람들이 보였다. 개선문 위 전망대에도 많은 사람들이 보였다. 개

개선문

　선문을 관람하는 많은 사람들을 내리고 태우기 위해서인지 버스는 한참을 개선문 정거장에 서 있었다.
　개선문 앞으로 쭉 뻗은 도로가 파리 시내의 명품 거리인 샹제리제 거리라고 하는데 워낙 넓은 길이라서 주변에 있는 상가들이 별로 눈에 들어오지 않았다. 버스는 여러 고풍스러운 건물들을 지나가면서 훌륭한 구경거리를 제공했으나 소음으로 가득한 오디오 때문에 제대로 된 설명을

들을 수 없어서 아쉬웠다.

버스는 에펠 탑 앞을 지나갔다.

에펠 탑 이름은 탑을 건설한 회사의 엔지니어인 구스타브 에펠(Gustave Eiffel)의 이름에서 붙여졌다. 에펠 탑은 1889년 세계 박람회 입구로 지어졌으며, 높이는 324미터에 이르며 파리에서 가장 높은 구조물이다. 타워에는 방문객을 위한 3개의 전망대가 있는데, 1~2층의 전망대에는 식당이 있다.

(출처 : 인터넷 위키피디아 영문판)

역시 개선문과 마찬가지로 많은 사람들로 붐볐다. 가까이에서 에펠 탑을 올라가는 승강기나 에펠 탑의 철골 구조물, 거대한 크기를 보기에는 좋았으나 오히려 버스가 한참을 지나쳐 에펠 탑에서 멀어질 때가 아름다움을 느끼기에 훨씬 좋았다. 건축 당시에 이미 세계 최고의 건축물이라

독일에서 법을 만나다

에펠 탑

고 했지만, 에펠 탑의 규모는 상상 이상이었다. 버스가 움직일 때 찍은 사진임에도 흔들림 없이 멋지게 나와서 만족스러웠다.

　버스가 정거장에 설 때마다 많은 사람들이 내리기도 하고, 새로 타기도 하였지만, 우리는 특별한 일정이 없었기 때문에 일단 버스로 파리 시내를 한 바퀴 돌기로 하였다.

　빨간 버스를 타고 파리 시내를 한 바퀴 돌았을 뿐인데 시간은 이미 점심시간이 되어 있었다. 시내 어디에서나 길거리에 테이블을 둔 식당을 볼 수 있었는데, 우리는 사거리 코너에 많은 사람들로 붐비는 한 식당을 찾아 들어갔다. 바깥쪽 테이블에도 사람들이 많았지만 안쪽에도 거의 자리가 없을 정도로 많은 사람들로 붐볐다. 우린 식당 안쪽에 자리를 잡았다. 특별할 것 같지 않은 햄버거와 생선구이, 감자튀김을 주문했다. 사실 감자튀김을 좋아해서 매번 주문하는 것은 아닌데 거의 모든 음식에 감자튀김이 곁들여져 나왔다.

　식후에는 파란 버스를 타고 관광을 했다. 오디오 가이드의 도움으로 시내 관광의 이해를 높일 수 있었다. 말로만 듣던 물랭루주 극장도 볼 수 있었다. 버스가 지나가던 몽마르트르 언덕을 첫 번째 방문지로 잡고는 서둘러 버스에서 내렸다. 몽마르트르 언덕은 19세기 후반 이후 많은 화가와 시인들이 모여서 인상파, 상징파, 입체파 예술의 발상지가 될 만큼 예술가들의 사랑을 받은 곳이며, 여러 유명 영화의 배경이 되기도 했다고 한다.

　몽마르트르(Montmartre)라는 어원은 Mount of Mars에 대한 라틴어인 Mons Martis에서 유래했다고 한다. '순교자의 산'을 의미한다고 한다.

독일에서 법을 만나다　**157**

물랭루주 극장

　버스에서 내려서 걸어가는 길에 옆에 있던 가방 가게에 들렀다. 커다란 캐리어 가방을 하나 사고 싶었지만 관광에 방해가 될 것 같아서 구입하지는 않았다. 언덕을 올라가는 입구는 관광객들로 붐볐고, 여느 한국의 관광지처럼 기념품 가게들이 즐비하였다.

　언덕 위에 보이는 사크레 쾨르(Sacre-Coeur) 성당으로 가기 위해서 사람들이 많이 모여 있는 몇 개의 계단을 올라 경사로에 진입하였을 때 성당으로 올라가는 모노레일을 발견하였다. 매표를 해야만 모노레일을 탈 수 있었지만, 어머니께서는 어젯밤에 산 파리 시내 대중교통표로도 탈 수 있다는 내용의 안내문을 발견하셨다.

　성당은 모노레일에서 내려서도 계단을 더 올라가야 입구를 찾을 수 있었는데, 계단에는 빈자리를 찾을 수 없을 정도로 많은 사람들이 자리를 차지하고 파리 시내를 조망하며 앉아서 쉬고 있었다. 계단은 건물 따위

사크레 쾨르 성당

의 장애물이 없어서 파리 시내를 조망하기에 더없이 좋은 위치였고, 높은 언덕으로 불어오는 바람은 꽤 시원하였다.

성당 입구에는 경찰이 가방을 검색하고 있어서 자연스럽게 사람들이 한 줄로 입장하고 있었다. 검색이라고는 하지만 그냥 가방을 열어서 대충 보여 주기만 하면 되었다. 사크레 쾨르 성당은 1875년부터 1914년에 걸쳐서 완공되었다고 한다. 동쪽 끝에 있는 모자이크는 세계에서 가장 큰 모자이크라는데 우리는 사전지식 부족으로 구경할 수 없었다. 그래서인지 스테인드글라스가 두드러지게 멋졌고, 은빛을 띤 조각상들이 여러 개 보였다. 높게 올려져 있는 조각상이라 대리석에 은색을 칠한 것인지 은빛 금속으로 만든 것인지 알 수 없었으나 다른 성당에서는 볼 수 없는

조각상

몽마르트르 언덕에서 내려다본
파리 시내 전경

조각상이었다.

　기념주화(실제 돈은 아님)를 파는 자판기가 있었다. 2유로를 자판기에 넣으면 기념주화가 하나씩 나오는데, 판매 수익은 성당을 개보수하고 유지하는 데 쓰인다고 안내되어 있어서 동생들과 나는 기념품으로 하나씩 구입하였다. 이 기념주화 자판기는 다음 날 들른 노트르담 성당에도 있었다. 가톨릭 신자이신 어머니께서는 지인들에게 줄 몇 개의 기념품을 성당 내 기념품점에서 구입하셨다.

　성당 앞 계단에서 정면으로 펼쳐지는 파리 시내 전망이 훌륭하였다. 사실 성당은 몽마르트르 언덕의 입구쯤에 자리잡고 있었으나 목발을 짚은 여동생을 데리고 몽마르트르 언덕을 둘러볼 수는 없었기에 아쉬움을 안고 내려오는 모노레일에 올랐다.

　내려오는 길에 들렀던 상점의 아저씨는 굳이 우리에게 어느 나라에서 왔는지를 따져 물어보더니 한국어 안내지는 없다면서 영어로 쓰인 종이 한 장을 내밀었다. 길에서 하는 도박을 하지 말라는 경고 전단지였다. 관

광객에게 이런 것까지 안내하는 세심함에 조금 놀랐다. 버스정거장 앞 가게에서 멋지게 보이는 에펠 탑 야경 포스터를 구입하였으나 귀국 후 펼쳐 본 구겨진 사진은 그날처럼 멋지게 보이지 않아서 조금 속상했다.

다음 행선지는 루브르 박물관이었다. 루브르 박물관은 1692년부터 고대 그리스와 로마 조각품을 포함하여 왕실의 수집품을 전시하는 곳이었다고 한다. 현재 수집품은 이집트 고대 작품/동방 고대 유물/그리스, 에트루리아 및 로마 유물/이슬람 예술/조각/장식예술/회화/판화와 그림의 8개의 전시 부서로 나뉘어져 있다고 한다. 워낙 큰 박물관이었고 늦게 간 탓에 아마도 오늘의 마지막 방문지일 듯싶었다.

사실 법원 구경만큼 파리 관광에는 관심이 없었다. 그러나 루브르 박물관은 수집 방법에 문제가 있었지만 어쨌든 소장품이 워낙 많아서 볼 것이 많기 때문에 꼭 가 보고 싶었다.

한국에서 미리 박물관 입장권을 구입하였는데 유럽에서는 대부분의 박물관, 미술관 등을 18세 미만에게 무료로 개방한다는 사실을 확인시켜 주듯 나와 동생 2명은 무료였다. 장소에 따라 무료로 인정되는 나이는 모두 달랐지만, 프랑스뿐 아니라 독일과 네덜란드에서도 미성년자에 대해서는 무료인 곳이 많았다.

루브르 박물관에 도착한 시간이 아마 오후 4시쯤이었던 것 같다. 앞마당에 있는 유리 피라미드를 통해 입장하는데 이곳에 검색대가 있었다. 검색대를 통과한 후 지하 2층으로 내려가서 오디오 가이드 대여를 위한 표를 구매하였고, 다시 한 층을 올라와서 지하 1층에서 오디오 가이드를 대여한 후에 관람을 시작하였다. 이곳의 오디오 가이드는 게임기처럼 생겨서 음성뿐 아니라 그림까지 나와서 건물 내 안내도를 볼 수 있었다. 그러나 이용법이 간단치 않고, 짧은 시간에 많은 전시물을 구경하기 위해

루브르 박물관

서둘러야 했기 때문에 오디오 가이드 이용 방법을 익히는 것도 쉽지 않았다. 전시실을 이동하다 보면 자동으로 전시실을 감지하여 오디오 가이드가 작동하지만 오디오 안내가 되는 전시물에는 오디오 가이드 표시가 있고, 번호가 적혀 있어서 원하는 번호로 검색도 가능하였다.

먼저 드농 관으로 갔다. 아마도 고대 시대의 유적과 유물을 보관하는 전시실인 듯했다. 루브르 박물관은 규모가 크니까 드농 관에서 관람을 주저하다가는 꼭 보고 싶었던 모나리자와 비너스 조각상을 관람하지 못할 수도 있다는 생각이 들었다. 그래서 일단 모나리자와 비너스 조각상을 먼저 관람하기로 했다. 사실 모나리자는 한국에서 전시될 때 이미 감상해 보았지만 여기까지 왔으니 원래의 장소에서 한 번 더 보는 것도 좋을 거란 생각이 들었고, 비너스 조각상은 우리나라 미술 교과서에서 수없이 언급되다 보니 꼭 실물을 보아야겠다는 생각이 들었다.

이미 많은 사람들이 모자리자 앞에 모여 있었다. 다른 그림과는 다르게 모나리자 옆에는 직원이 지키고 앉아 있었으며, 그림 둘레로 사람들의 접근을 막는 나무 테두리가 둘러져 있었다. 휠체어를 타고 많은 사람들 틈에서 그림을 보고 있던 우리에게 직원은 나무 테두리 안쪽으로 들어오라고 손짓을 하였다. 아마도 장애인에 대한 배려인 듯했다. 그러나 오랫동안 머물게 하지는 않았다.

사실 루브르 박물관에는 유명하고 귀한 작품들이 무수히 많지만 이렇게 작품으로의 접근을 막는 테두리가 둘러쳐진 곳은 거의 없었다. 너무나 자유롭게 많은 사람들이 작품을 감상할 수 있었고, 플래시만 터뜨리지 않는다면 사진도 자유롭게 찍을 수 있었다. 제재를 가하는 직원은 없

모나리자

었다. 간간이 그림 앞에 서서 모작하는 사람들도 심심찮게 볼 수 있었다. 책이나 사람들의 말을 통해 듣기로 모나리자를 보러 가면 사람 머리만 보게 된다고 했는데 생각처럼 나쁘지는 않았다

미로 같은 길을 따라 다음으로 찾아간 작품은 비너스 조각상이었다. 몇몇 사람들이 구경하고 있었지만 크게 번잡하지는 않았다.

높이가 2~3미터쯤으로 크지 않아 보이는 비너스 조각상은 미술책에서 보아왔던 그대로인 것 같았다. 다만, 미술책에서는 늘 앞모습만 보았는데 옆모습과 뒷모습까지 볼 수 있었다.

루브르 박물관의 폐관 시간은 밤 9시이다. 우리는 중세 시대 그림을 보는 것만으로도 많은 시간을 할애하였고, 원하는 작품을 찾아가는 길목에서 보았던 왕관이나 일부 보석 장식을 감상하였지만, 결국 비너스 조각

독일에서 법을 만나다 **165**

비너스 조각상

상 관람을 마지막으로 박물관을 나와야 했다. 미리 꼼꼼하게 준비하지 못하여 관람에 부족함이 있기도 하였지만, 그 규모로 인하여 루브르 박물관을 관람하기에는 1주일이라는 시간도 턱없이 부족할 거라는 생각이 들었다.

 루브르 박물관은 외관상으로 보아도 대략 200여 미터는 되어 보이는 양쪽 2개의 건물과 100여 미터 이상의 가운데 건물이 이어진 디귿자 형태의 지하 2층, 지상 3층의 건물인데, 내부가 워낙 미로 같아서 특정 장소를 찾기가 너무 힘들었다. 안내 지도를 가지고 있다고 하더라고 간간이 보이는 직원들에게 물어보지 않으면 절대 찾아갈 수 없을 듯하였다.

 특히 우리 가족은 휠체어까지 밀어야 했으니 곳곳에 드러내놓지 않고 숨겨진 승강기를 찾아가는 것 또한 쉽지 않은 일이었다. 직원들에게 물어보면서 찾아갔음에도 불구하고 비너스 조각상을 찾아갈 때는 왔던 길을 다시 돌아가기도 하면서 헤매고 다녔고, 결국 휠체어를 들고 계단 몇 개를 걸어 올라가야만 했다.

 지하철역으로 향하던 우리는 루브르 박물관 건물 1층 한쪽에서 식당을 발견하였다. 식당 외부에 비치된 메뉴판에는 생각보다 음식 가격이

루브르 박물관 건물 1층 식당

비싸지 않았다. 잊지 못할 추억거리로 루브르 박물관에서의 저녁 식사를 선택했다.

건물 테라스를 따라 이어져 있는 식당이었기에 모든 좌석에서 루브르 박물관 건물을 조망할 수 있었다. 서머타임을 실시하고 있어서 밤 9시인데도 박물관 마당은 환했지만, 우리가 저녁 식사를 하는 동안 점점 조명이 들어왔고, 어둠이 내린 루브르 박물관에는 여전히 많은 사람들이 북적이고 있었다. 맛은 별로였지만 루브르 박물관에서의 식사는 인생에 한 번쯤은 해볼 만한 경험이었다.

호텔로 돌아오면서 고풍스런 건물에 비치는 조명들 또한 예술적인 감각으로 장식되어 있고, 무심히 길에 놓인 벤치 또한 간혹 아름다운 장식이 되어 있어서 이곳이 예술의 도시 파리라는 것을 느낄 수 있었다.

오늘은 특별한 일정 없이 관광만 하였는데도 밤 10시가 넘어서야 호텔로 돌아왔다.

파리 관광 II _ PARIS

아침부터 서둘러서 이번 여행에서의 마지막 관광 일정 동선을 짜 보았다. 아침에 노트르담 성당에 들렀다가 오페라 가르니에, 오르세 미술관, 유람선의 순서로 진행하기로 했다.

이동에 소요되는 시간을 줄이기 위해서 지하철을 이용하였다. 노트르담 성당까지는 지하철역에 내려서 센 강을 건너서 조금 걸어야 하는 거리였다. 다리가 불편한 여동생과 어머니께서는 성당 내부만 구경하기로 하고, 나머지 가족은 전망대에 올라가 보기로 했다. 어렸을 때부터 접해 온 책에 등장하는 노트르담인지라 더 기대되었다.

노트르담 성당은 가장 훌륭한 프랑스 고딕 양식 건축물로 알려져 있으며, 세계에서 가장 크고 잘 알려진 교회 건물 중 하나이다. 그러나 1790년대에 파괴된 후에 1845년부터 복원 작업이 시작되었으며 1991년에도 추가 복원 및 유지 관리 프로젝트가 시작되었다고 한다.

노트르담 성당 전망대 입구에는 입장 가능한 10시가 채 안 된 시간임에도 불구하고 긴 줄이 늘어서 있었다. 어머니와 헤어지면서 성당 출구에서 다시 만나기로 했다. 많은 중국인들이 줄을 앞서거니 뒤서거니 시

노트르담 성당

끄럽게 떠들고 있었고, 우린 하염없이 기다리고 서 있었다. 전망대는 제한된 인원만을 입장시키고 있어서 시간은 한참 더 소요될 것 같았다.

이렇게 시간을 허비하고 있을 수 없어서 아버지, 남동생과 나는 번갈아 가며 성당 내부를 구경하기로 했다. 성당 내부로 들어가기 위한 줄에는 주변에 한국인 단체 관광객들이 서 있었는데, 가이드는 "원래는 노트르담 성당을 밖에서 한 바퀴 돌아보고 가는데, 오늘은 시간이 있어서 20분 드릴 테니 내부를 구경하시라"고 말하고 있었다. 패키지 관광의 현실을 옆에서 제대로 목격하는 순간이었다. 저렇게 여행하는 것이 조금 안타까웠다.

나와 남동생은 30여 분의 성당 내부 구경 시간을 감안하고, 우리가 서 있는 줄이 전망대 출입구 앞쪽까지 다다를 시간을 감안하여 10시 50분까지 돌아오겠다고 아버지께 말씀드리고 성당으로 들어갔지만 돌아왔을 때까지도 줄은 좀처럼 짧아질 기미가 보이지 않았다.

노트르담 성당의 내부는 어두컴컴했다. 스테인드글라스가 눈길을 끌었고, 내부에 이야기 형식으로 꾸며진 조각상들도 볼만했다. 성당 안으로 들어가기 전에는 조금씩 내리던 비가 남동생과 내가 돌아오니 좀 더 굵어져 있었다.

1시간 반 이상을 줄을 서서 전망대 입장을 기다렸던 우리는 드디어 입장하게 되었고 좁은 계단을 따라서 올라가다가 기념품 상점에 도달했다. 직원들은 더 이상 올라갈 수 없게 계단을 막고 관람객들을 상점으로 들어가게 하였다. 그리고는 잠시 뒤에 다시 계단을 올라가게 하였다. 관람객이 정체가 되는 것에 대한 묘수일 수도 있으나 한 번 더 돈을 쓰게 하려

독일에서 법을 만나다 **171**

는 목적 또한 엿보였다.

한참 계단을 따라 올라가던 우리는 그물망을 통해 파리 시내를 조망할 수 있는 전망대에 다다랐다. 전망대라고 해봐야 좁아서 많은 사람들이 머무를 수 없는 공간이었으며 정면은 그물로 막혀 있었다. 자세히 보니 그물에 손바닥만 한 창이 두어 개 정도 나 있어서 그곳을 통해 카메라를 넣고 사진을 찍으면 그물이 사진에 나오는 것을 피할 수 있었다. 관람객들이 뚫어 놓은 창은 아니고 일부러 그렇게 배려해 놓은 창으로 보였다. 겨우 한 사람이 지나갈 정도의 좁다란 길을 따라 종탑으로 향했다.

아주 좁은 나무 계단을 통해 2층으로 올라가니 거기에 성당의 커다란 종이 2개 있었다. 마치 다락방을 올라가는 것과 같은 느낌이 들었다.

전망대

성당에는 10여 개의 종소리가 있다고 한다. 전망대에 올라가는 동안 두세 차례의 종소리를 들었지만 소리를 구분해서 듣지 않아서 그렇게 많은 각기 다른 종소리가 있다는 것은 몰랐다. 길을 따라 더 올라간 위쪽 전망대에서는 노트르담 성당 건물 지붕에 조각해 놓

노트르담 성당 내부

여진 수많은 조각상을 내려다볼 수 있었고, 파리 시내가 한눈에 들어왔다. 멀리 에펠 탑까지의 조망이 어느 곳과도 비교할 수 없을 정도로 확 트여 있었다.

노트르담 성당의 건축학적 의미는 플라잉 버트레스(flying buttress)라는 건축 기술을 최초로 사용했다는 것이며, 개별적으로 만들어진 작은 조각상은 외부에 배치되어 기둥 받침대와 물받침으로 사용되었다고 한다. 올라갈 때의 수고로움과는 다르게 내려가는 계단은 한 번에 지상으로 연결되어 있었다. 출구 앞에서 한참 동안 어머니와 여동생을 기다리던 우리는 남동생을 성당으로 들여보내서 어머니와 여동생을 찾게 했다. 성당 밖으로 나온 어머니와 여동생은 노트르담 성당에서 미사를 보았다며 감격스러워했다.

노트르담 성당에서 생각보다 많은 시간을 소비한 우리는 아침에 샀던 비닐 우산을 선물용으로 2개 더 샀다. 저렴한 비닐 우산에 파리를 가득 담아 놓은 듯한 매력적인 그림이 있었다. 그리고 길가에 보이는 크레이프와 아이스크림을 하나씩 사들고, 다음 목적지인 오페라 가르니에로 향하기 위해 다시 지하철을 이용했다. 역에서 멀지 않은 빨간색 치장이 눈에 띄는 식당으로 들어갔다. 외국 음식이 별로 입맛에 맞지 않아 커피 한 잔으로 점심 식사를 대신하신 아버지를 제외하고 나머지 가족은 늘 먹던 햄버거로 점심을 먹었다. 항상 감자튀김이 같이 나오니까 우리에게는 음식의 양이 많았지만 현지인들은 느긋하게 잘들 먹었다.

식사를 마친 우리는 유명한 '오페라의 유령'의 배경이 된 곳인 오페라 가르니에로 향했다. 팔레 가르니에(Palais Garnier)라고도 불리는 오페라 가르니에는 1861년 착공하여 1875년 개장하였는데 현재에도 파리 오페라단이 이곳에서 발레 공연을 한다고 한다. 한국에서 준비해 간 박물관 입장권으로 입장이 가능하였으나 오디오 가이드는 따로 대여하여야만 했다. 고민할 필요 없이 오디오 가이드를 대여하고 관람을 시작하였다. 현재에도 가끔 공연한다고 하니 나중에 오면 꼭 보고 싶다는 생각이 들었다.

  1층의 현관 입구에서부터 화려한 장식이 눈에 띄었는데 2층으로 올라가는 계단은 흰색 대리석 바닥에 붉은색과 녹색 대리석의 난간이 있었으며 2개의 분기 계단으로 나뉘어서 그랜드 로비로 연결되었다. 다른 성당이나 조각들에서도 화려한 모양의 여러 장식을 볼 수 있었지만 이곳에서의 장식들은 특히나 더 세밀하게 조각된 듯한 느낌을 받았다.

오페라 가르니에

오페라 가르니에

오페라 가르니에

내부 인테리어는 바로크 양식의 특징이라고 한다. 또한 오디오 가이드에 따르면 분수의 장식이나 건물에 쓰이는 재료 등을 가르니에가 직접 원하는 것으로 고르고 구해 와서 장식했다고 하였다. 그의 개인적인 취향이 많이 가미되어 있어서 오페라 가르니에라고 불리는 것이 아닌가 싶었다.

공연은 없었지만 한쪽 객석으로 들어가서 공연장 내부를 전부 볼 수 있었는데, 객석은 1,979명을 수용할 수 있으며 무대는 유럽 최대 규모로 450명의 예술가를 수용할 수 있다고 한다.

천장에는 가르니에가 디자인한 샹들리에가 있었는데 무대에 대한 전망을 방해한다는 비난을 받았으나 가르니에는 끝까지 이것을 고집하였다고 한다. 그러나 1896년 5월 20일, 샹들리에의 고정 중 하나가 무너져서 청중 한 명이 죽는 사고가 발생하였고, 이 사건은 가스통 르루(Gaston Leroux)의 1910년 소설 『오페라의 유령(The Phantom of the Opera)』의 유명한 장면 중 하나에 영감을 주었다고 한다.

샹들리에를 에워싸는 천장의 화려한 벽화가 눈에 띄었다. 원래 천장에 있던 벽화 위로 1964년 샤갈의 그림으로 덮어씌워진 천장화가 있었다. 수채화 같은 색감이 아주 경쾌한 느낌을 주는 천장화였다.

테라스로 나가면 파리 시내를 관통하는 곧게 뻗은 대로와 주변으로 고풍스런 건물들도 감상할 수 있었다. 이 테라스는 높이가 18미터, 길이 154미터, 폭이 13미터에 이르며 휴게실 기능을 하도록 설계되었다고 한다. 천장에 장식된 그림 역시 어디에서도 볼 수 없는 화려함의 극치라고 생각되었다.

천장 벽화

오페라 가르니에 테라스에서
바라본 파리 시내

건물 한쪽 공간에 종이 인형극과 같은 모형들이 전시되어 있는데, 과거에는 이렇게 종이 인형이나 조감도와 같은 것을 만들어서 공연하기 전에 작품에 대한 스토리를 구상하고 공유하였다고 한다. 현재에는 하나의 예술작품처럼 전시되고 있었으며 관람객에게 보여주기에도 손색이 없었다. 오페라 가르니에에 대한 감명이 깊어서인지 기념품 가게에서 공연 CD까지 하나 구입하고 나서야 건물을 나섰다.

오르세 미술관으로 향했다. 오르세 미술관은 루브르 박물관, 퐁피두 센터와 함께 파리의 3대 미술관이며 루브르 박물관과 퐁피두 센터의 국립 현대 미술관 사이의 간격을 좁히는 박물관으로 건설되어 1848년부터 1914년까지의 그림, 조각품, 가구 및 사진을 포함한 예술품을 중심으로 보유하고 있다고 한다.

오르세 미술관은 1900년 파리 만국 박람회 개최를 맞이하여 1898년부터 1900년 사이에 오를레앙 철도가 건설한 철도역이자 호텔이었던 오르세 역이 짧은 플랫폼으로 인해 더 긴 열차에 적합하지 않게 되어 1939년 기차 운행을 멈추고 1973년 호텔도 문을 닫으면서 1978년 프랑스 정부가 '역사 기념물'로 지정하고 미술관으로 재구성하였다고 한다.

루브르 박물관과 더불어 파리를 대표할 만한 전시관이기에 발걸음이 자동적으로 서둘러졌다. 건물 밖에서 보이는 시계를 보고서 이곳이 오르세 미술관임을 짐작할 수 있었으며, 입구에 놓여진 커다란 동물 조각상들이 관광객의 눈길을 끌고 있었다.

루브르 박물관에서 오디오 가이드의 유용성을 크게 느끼지 못한 우리는 오디오 가이드 대여를 포기하고 관람에 집중하기로 했다. 5층 건물로

오르세 미술관

오르세 미술관 옥상 테라스의 조각상과
센 강 건너의 풍경

독일에서 법을 만나다

건물 밖에서 보이던 시계가 놓여진 장소에는 카페가 있었다. 시계를 통해 들어오는 햇빛조차도 인상 깊었다.

오르세 미술관은 방으로 칸을 나누어서 전시하고 있었는데, 그림이나 조각뿐만 아니라 가구나 실내 인테리어도 전시를 하고 있다는 사실을 처음으로 알게 되었다. 오르세 미술관에는 19세기(1848년~1914년)의 회화·조각·공예 등이 전시되고 있는데, 플랫폼이 있었던 지상 층에는 1870년 이전의 작품들이 있고, 테라스에서 이어지는 중층에는 자연주의·상징주의 작품들과 조각품 등을 볼 수 있으며, 상층에서는 모네·고갱·고흐 등 인상파 화가들의 작품을 전시하고 있다.

각각의 방 입구에는 그림을 기증한 사람인 듯한 인물에 대한 정보를 게시해 두었고, 또한 각각의 방들은 시대를 묶어서 화가별로 전시하고 있었다. 열거할 수 없을 정도로 많은 우리에게 익숙한 작품들이 있었으며, 그중에서도 특히 익숙한 화가들이자 애호하는 작가들인 세잔·고흐·고갱 등의 인상파 화가들의 작품에 눈길이 갔다. 이곳에서 오페라 가르니에 천장에 가려져 있는 원래의 그림(르네프뵈가 그린, '요정들과 밤과 낮의 시간의 신들')을 볼 수 있었다. 물론 원본은 아니지만 오페라 가르니에에서는 볼 수 없었던 그림이었다.

폐관 시간인 6시 30분까지 열심히 관람하였다. 짧은 시간이었기에 깊이를 논할 수 있을 정도의 관람은 아니었지만 거의 모든 작품을 빠짐없이 관람한 것 같다.

오르세 미술관의 특징을 몇 가지 들자면, 관람 동선이 참으로 편하게 이루어졌으며, 동시대 화가들의 그림을 같은 공간에 전시하고 있어서 같

오르세 미술관 지하 층

은 화풍의 화가들 그림을 함께 비교하면서 감상할 수 있었다. 또한 지하층의 경우에는 가운데 복도에 관람객들이 앉아서 휴식을 취할 수 있도록 난간을 설치해 두었으며 다른 층에서도 각각의 전시실 입구를 연결하는 기다란 복도에 의자를 배치하여 넓은 공간에도 불구하고 오랜 시간 힘들지 않게 관람이 가능하였다.

  버스를 타고 유람선 선착장으로 이동하기로 하였다. 버스정거장에서 한참을 기다려도 버스는 오지 않았으며, 심지어 다른 번호의 버스조차 한 대도 지나가지 않았다. 유람선 탑승 외에는 별다른 스케줄이 없었기에 느긋하게 정거장에 서서 버스를 기다리고 있었는데 행색이 남루한 현지인이 우리에게 한마디 건넸다. 영어가 아니었기에 정확하게 이해하지는 못했지만 이 정거장이 폐쇄되었다고 말하는 듯했다. 그러면서 손으로

독일에서 법을 만나다 **183**

사거리 코너를 가리켰다. 직감적으로 버스정거장이 옮겨졌다는 것을 눈치채고는 손가락으로 가리키던 사거리쪽 정거장으로 이동한 후 그곳에서 얼마 지나지 않아 버스를 탈 수 있었다.

선착장에는 여러 척의 유람선이 있었고, 우리가 도착할 즈음에 막 출발하려는 유람선이 있었으나 2층 앞자리에 앉으면 구경하기 좋겠다는 생각에 그 배를 타기 위해 굳이 서두르지 않았다.

우리는 이미 줄을 서 있는 몇몇 사람들 뒤로 줄을 섰다. 앞에 서 있던 한국인은 9시 40분 유람선이 크다고 해서 일부러 이 시간에 맞추어 왔다고 했다. 출발 시간이 다가오자 소란스러운 중국인 단체 관광객들이 몰려오더니 이내 줄은 없어져 버렸다(중국 사람들은 단체로 몰려와서 줄을 서지 않고 출입구를 밀어붙였다).

입장이 시작되자 무작정 뒤에서 밀고 들어오는 중국인들 때문에 다리가 불편한 여동생을 열심히 챙겨야 했다. 그렇게 밀고 들어오던 중국인들은 줄을 서서 유람선에 올라타던 사람들의 일반적인 동선을 무시하고 유람선 한가운데를 가로질러 뛰어가서는 기어코 앞 좌석을 차지하였다. 줄 앞쪽에 서 있던 우리도 2층 가장 앞자리에 앉을 수 있었다.

유람선은 서서히 출발하였고, 낮과는 다른 센 강변의 파리 야경을 감상할 수 있었다. 강변에 자리를 잡고 한가롭게 시간을 보내고 있는 사람들이 손을 흔들어 주었고, 강변의 건물들은 저마다의 조명으로 한껏 자태를 뽐내고 있었다.

한참 여유롭게 나아가던 유람선에서 중국인들이 배 앞을 점령하고 사진을 찍어 대는 바람에 고요함이 깨졌다. 적당히 사진을 찍고 자리로 돌아가면 좋으련만 끝없이 셔터를 눌러 대고 있었다. 참다못한 나는 "excuse me~"라고 불러 봤지만 그들은 돌아보지도 않았다. "니하오~"라고 불렀더니 그제서야 돌아보았다. 경치를 볼 수 없으니 좀 비켜 달라고 했더니 알아듣지 못하는 듯했지만 본인이 어떻게 해야 할지는 알았는지 더 이상 사진을 찍지 않았다.

이번에는 창피하게도 한국 아주머니들이었다. 적당히 찍었으면 비켜 주면 좋으련만 배의 앞머리에 서서 대화를 주고받으며 우리의 시야를 방해하였다. 아버지께서 살며시 다가가셔서 "여기서 이러시면 안 됩니다"라고 귓속말을 전하셨더니 1층 계단으로 내려갔다. 이제는 대충 정리되었다 싶었는데 끝없이 많은 사람들이 소란을 피웠다. 기대하고 만족스러운 관람을 하는 것은 좋지만 매너를 지켜 줬으면 좋겠다는 생각도 절실히 들었다.

센 강변을 따라 내려가던 유람선은 180도를 돌아서 다시 선착장을 향해 올라가면서 우리에게 에펠 탑의 야경을 선사하였다. 유람선이 움직이기 시작했을 때는 강변에 자리잡고 있던 고풍스런 건물들의 야경이 멋지다고 생각했으나, 조명이 들어온 에펠 탑의 야경은 그야말로 백미였다. 유람선이 지나가는 다리마다 조각 장식으로 치장되어 있는데 하나라도 놓칠세라 우리의 눈은 분주하게 움직였다.

에펠 탑의 야경에 취해 지하철을 타고 호텔로 돌아오던 우리는 앞서 걸어가던 어머니의 가방이 열린 것을 보고 깜짝 놀랐다. 뒤에 쫓아가던 외국인이 소매치기를 하려고 가방을 열었던 것 같다. 어머니께서는 이상한 느낌이 들어서 뒤를 돌아보셨고, 동시에 우리 가족 모두가 어머니

에펠 탑 야경

의 가방이 열린 것을 알아챘다. 중요한 물건은 없지만 분실한 물건이 없다고 하니 다행이었다. 흔히 들어왔던 관광지에서의 소매치기를 직접 경험했다.

  늦은 저녁 식사를 위해 서둘러 첫날 들렀던 마트를 향했지만 이미 문은 닫혀 있었다. 돌아 나오던 우리는 불이 켜진 식당을 발견하고는 식사가 가능한지 물어보았다. 새벽 1시까지 영업한다는 식당에서 홍합탕을 시켰다. 카레 맛이 나는 홍합탕이 나왔는데, 거의 매일 햄버거로 식사를 해결했던 우리에게 새로운 맛을 안겨 주었다. 파리에서의 마지막 밤이라는 아쉬움과 파리 관광의 감회를 이야기하다 보니 식당 종업원들의 재촉을 받고서야 자리에서 일어났다.

북경을 거쳐 서울로

출발할 때와 비교하면 짐이 많아진 것 같다. 비행기 시간이 오후 2시 10분이라서 공항으로 이동하기 위해 아침부터 서둘렀다. 공항으로 가는 교통편은 호텔에서 불러 주는 유료 택시 서비스도 있었지만 한국에서 공항버스 표를 예매를 한 터라 그냥 버스를 이용하기로 하였다.

마지막 아침 식사를 마친 후 호텔에 짐을 맡기고 어젯밤에 들르지 못했던 마트를 향했다. 그렇게도 마트에 집착한 이유는 독일에서는 일정이 바빠서 소소한 쇼핑의 즐거움을 맛볼 수 없었기에 이곳에서라도 지인들의 선물과 기념품을 사기 위함이었다. 마트의 물건들이 워낙 소액 제품들이라서 사치스럽지 않은 사소한 물건들로 구입하였다.

호텔에 두고 온 짐을 찾아서 공항버스정거장이 있는 오페라 가르니에로 걸음을 재촉했다. 가는 길에 많은 한국 사람들이 다녀간다는 약국에 들렀다. 어머니께서는 이것저것 둘러보시고 마트와 가격을 비교해 가면서 핸드크림 몇 개를 구매하셨다.

정거장으로 들어오는 버스를 타기 위해 다가갔으나 우리보다 앞선 여자가 있었다. 그녀는 돌아서면서 우리에게 "이 버스보다 앞에 있는 버스를 타야 한다"고 말해 주었다. 본인은 파리 시민인데, 루마니아로 여행을 가는 길이고, 공항에는 처음 가 본다고 말해서 적잖이 놀랐다. 버스는 한적한 고속도로를 지나서 1시간도 채 걸리지 않아 우리가 이용하게 될 3번 터미널에 가장 먼저 멈춰 섰다.

다른 한국인 관광객들의 가이드로 보이는 한국인을 따라 승강기를 타고 발권 장소인 아래층으로 이동하였다. 먼저 휠체어를 대여하기 위해 안내소를 찾았는데 직원은 발권 여부를 물었다. 발권을 안 했다고 했더니 발권 후에 다시 오라면서 발권 장소가 Hall 2라고 알려 주었다.

아무리 찾아보아도 Hall 2가 보이지 않아서 지나가는 외국 항공사 승무원에게 물었더니 자신들도 모른다고 했다. Hall들의 배치가 가운데 원통심(자동길이 위치한다)을 따라 둥글게 배치되어 있어서 멀리서는 식별이 불가능하였다.

한참을 걸어간 후 발견한 Hall 2에는 직원이 아무도 없었고, 줄을 서 있는 승객도 없었다. 줄을 서는 입구에 직원 한 명이 왔다 갔다 하길래 북경행 비행기 발권이 이곳이 맞는지 확인하였다. 20분 정도 기다려야 한다는 대답을 듣고 가족들은 의자에 앉히고 아버지께서 줄을 서서 기다리셨다.

발권을 시작하자마자 가장 먼저 직원에게 다가간 우리는 가족 모두의 여권을 제시하였고 발권하는데 오랜 시간을 보내던 여직원은 가방을 모두 올려놓으라고 했다. 한 번도 그런 경험이 없어서 우리가 제대로 들은 건지 의아해 하고 있을 때 거듭 비행기에 가지고 탈 배낭을 모두 수화물 컨베이어에 올려놓으라고 요구했다. 배낭을 모두 올려놓자 각각의 가방에 'carry on'이라고 적힌 초록색 종이 띠를 매었다.

그녀는 1인당 가방 1개만 기내에 가지고 탈 수 있다면서 가방 7개 중 2개는 수화물로 보내야 한다고 했다. 다음으로 캐리어를 올리라고 하더니 23킬로그램이 넘으니 무게를 줄여서 올 것을 요구했다. 처음 들어 보는 요구였지만 어쩔 수 없었다. 할 수 없이 발권 데스크 앞에서 가방을 열려고 하니 뒤로 가서 가방을 정리하고 오라고 하였다. 짐을 모두 들고 발권 데스크 앞을 벗어나서 가방을 열었다. 그럼에도 불구하고 우리에게 더 뒤로 가서 가방을 정리하라고 요구하였다.

열린 가방을 엉거주춤 들고서 발권을 위한 줄을 완전히 벗어나서 급하게 가방을 여는 순간, 마트에서 샀던 에펠 탑 모양의 코냑이 바닥에 떨어지더니 와장창 깨졌다. 순간, 독일에서도 파리에서도 구입을 망설였던 캐리어를 하나 샀더라면 좋았을 것이라는 생각이 스쳤다. 아깝다는 마음도 뒤로한 채 일단 수습해야만 했다.

주변의 짐들을 옆으로 옮기고 있자니 전동차를 탄 아저씨가 나타나서 깨진 유리를 치워 달라고 했다. 다행히 산산조각이 나지는 않아서 유리 조각 몇 개를 들고 치웠더니 전동차에 달린 걸레로 바닥을 닦아 주었다. 캐리어 안에 있던 무게가 나가는 종이류는 모두 배낭으로 옮기고 옷가지 몇 개도 배낭으로 옮겨 담았다. 그리고 배낭 2개는 하나로 합쳤다.

짐을 들고 좀 전의 발권대 여직원 앞으로 다시 갔다. 캐리어 무게는 24킬로그램을 약간 넘었지만 그냥 받아 주었고, 배낭 하나를 수화물로 보내야 한다며 뒤에 있는 수화물 수레에 실으라고 했다.

한숨 돌리며 배낭을 들고 사람들 무리를 벗어나 뒤로 가서 수레를 찾기 위해 두리번거리고 서 있을 때 어느 틈에 뒤따라온 그 발권 여직원이 수레로 나를 안내해 주었다. 수레는 줄을 서 있는 사람들 때문에 가려서 보이지 않았었다. 출발 전에 비행기 표에 성과 이름이 바뀌어 있어서 유럽에서 발권할 때 문제가 되지 않을까 걱정하였지만 아무 문제 없이 북경에서 인천으로 가는 비행기 표까지 무사히 발권이 되었다.

발권을 마친 우리는 휠체어 대여를 위해 다시 안내소로 향했다. 안내소의 직원은 이번에는 발권 당시 휠체어를 요청했느냐고 물었다. 발권하고 오라는 말만 듣고 따로 휠체어를 신청하지 않았다고 했다. 불만스런 표정으로 우리에게 안내소 내 의자에서 대기하라고 하였다.

한참만에 휠체어를 끌고 다른 여직원이 나타났지만 인천이나 북경에서처럼 우리 가족 모두를 데리고 가지는 않았다. 다리가 불편한 여동생과 보호자 한 명(어머니)만 데리고 먼저 떠났다. 남은 아버지와 나와 남동생은 수속을 위해 자동길(moving sidewalk)을 이용하여 2층으로 향했다. 2층으로 올라가는 자동길은 둥근 원통형의 건물 중심부에서 2개가 서로 가로질러 놓여 있었다(이 원통의 바깥쪽으로 Hall들이 배치되어 있다).

2층 출국 사무소 앞에는 이미 긴 줄이 3~4겹 겹쳐 있었다. 그 옆에는 양쪽 가장자리에서 들어오는 빠르게 수속이 진행되는 줄도 있었는데, 비행기 시간에 늦은 사람들을 들여보내 주는 통로인 것 같았다. 비즈니스 좌석 승객들 또한 그 줄로 빠르게 수속을 마치는 것이 아닐까 짐작해 보았다(실제 발권할 때에도 비즈니스 좌석 승객은 따로 줄을 세워서 빨리 진행해 주었다). 그렇게 많은 사람들이 대기 중임에도 불구하고 출국 사무소 직원은 단 2명이었다.

1시간 반 정도가 흘러서야 출국 사무소를 통과하여 면세점이 보이는 구역으로 들어설 수 있었다. 순간 '짐 검사도 안 하고, 왜 이렇게 허술하지?' 하고 생각했다. 그러나 31번 탑승구를 찾아가는 길에 드디어 보안 검색대를 만났다. 다른 공항의 보안 검색대보다 꼼꼼히 살펴보아서인지 더 시간이 걸리는 듯했다. 다행히 이곳에서는 줄이 길지 않아서 시간이 오래 걸리지는 않았다. 31번 탑승구 앞에서 어머니와 여동생을 만날 수 있었다.

　중국행 비행기 탑승이 시작되었지만 올 때처럼 몸이 불편한 승객을 먼저 탑승시켜 주지는 않았다. 줄을 서서 탑승한 우리는 승무원에게 북경 공항에서 휠체어를 대기시켜 줄 것을 요구하였다. 중국 승무원들은 우리에게 늘 중국말로 질문하였다. 번번이 중국인이 아니라고 답변해야 했다. 우리의 영어가 그리 훌륭하진 않았지만 승무원들은 우리의 말을 알아듣지 못했는지, 못 알아듣는 척하는 건지(서양인들과는 대화가 꽤 능통해 보였음), 식사할 때나 음료를 주문할 때나 의사소통이 매끄럽지 않았다.

　비행 시간이 10시간이나 되므로 기내에서 두 끼를 먹어야 했다. 식사를 기다리다 보면 시간이 잘 갔다. 중국 항공의 기내식이 만족스럽지는 못했는데 그것마저도 부족하다며 메뉴와 다른 음식을 줄 때도 있었다. 아버지께서 맥주를 주문하시면 처음에는 없다고 했다가 나중에 가져다 주기도 하였다. 사전에 중국 항공의 실상을 몰라서 어쩔 수 없이 탔지만 다음에 또 타고 싶지는 않았다.

　북경 공항에 내리자마자 희뿌옇게 시야를 가린 공기와 온몸으로 느낄 수 있는 열기 때문에 방금 떠나온 유럽이 벌써 그리워졌다. 독일에 도착했을 때와는 다르게 휠체어가 미리 준비되어 있었고 유럽으로 갈 때와 마찬가지로 우리 가족 모두는 휠체어를 따라 환승 게이트로 이동하였다.

출입국관리소를 통과하는 순간 힘들게 가져온 우산 4개를 비행기 선반에 두고 온 것을 깨달았다. 보조배터리 하나도 좌석 앞주머니에 두고 온 것이 생각났다. 아버지께서 신경 쓰고 챙겨야 할 짐이 너무 많았다고 위로해 주셨지만 안타깝고 속상한 것은 어쩔 수 없었다.

휠체어를 밀던 중국 직원은 타고 온 비행기로 되돌아가서 우산을 찾아오겠다는 나의 영어를 알아듣지 못하는 듯하였고, 출입국관리소 직원에게 우리를 데려다주었다. 그러나 기대와 달리 출입국관리소를 통과한 뒤에는 다시 되돌아갈 수 없다고 하였다. 할 수 없이 일단 환승 게이트로 이동해서 해결책을 찾기로 했다. 보안 검색대에서는 모든 짐을 다 열어서 물건들을 일일이 확인했다. 아마도 파리에서 샀던 열쇠고리들이 가방 어딘가에서 계속 금속으로 탐지되는 듯했다. 선크림이나 액체화장품도 꼼꼼히 다 확인하고 심지어 열어서 냄새까지 확인하였다.

검색대를 통과하자마자 보이는 안내소로 찾아갔다. 젊은 남자 직원에게 비행기에 우산과 보조배터리를 두고 왔다고 알려 주고 찾아봐 달라고 했다. 우산이라는 단어를 잘 이해하지 못해서 글로 적어서 보여 주고서야 어디론가 전화를 걸면서 우리에게 기다려 보라고 했다. 한참 지나서 걸려온 전화에서는 우산과 배터리를 찾을 수 없다고 했다. 아마도 청소하는 부서로 연락한 듯싶었다.

하는 수 없이 인천행 비행기를 탑승할 52번 탑승 게이트로 향했다. 공항 건물 끝자락에 위치한 52번 게이트 앞에는 이미 많은 사람들이 자리를 차지하고 있었고, 11시 10분인 출발 시간까지는 아직도 2시간 이상이 남아 있었다.

휠체어를 밀어 주던 직원에게 다시 2층으로 올라가서 한가한 장소에서 기다리겠다고 했더니 직원은 10시 20분에 이곳으로 다시 오겠다며 아버지에게 팁을 요구하였다. 휠체어를 밀어 준 직원에게 팁을 요구받은 적이 없기에 당황스럽기도 했지만 알뜰하게 유로화 동전까지 파리에서 모두 쓰고 온 터라 가족들의 주머니에는 동전 하나 남아 있지 않았다.

늘 돌아가는 길은 멀고 험한 것 같다. 우리는 저마다 긴 의자를 하나씩 차지하고 휴식을 취했다. 아버지께서는 나에게 짐을 보고 있으라고 말씀하시고는 다시 좀 전의 그 안내소를 방문하셨지만 결국 분실했던 물건을 찾을 수 없었다. 사실 부모님께서 아까워하시는 모습을 보니 더 속상했다. 어쨌든 여행 내내 중국 항공사 직원들 특히 기내 승무원들이 불친절하기도 했지만 기내 분실물을 찾을 수 없어서 기분이 더 좋지 않았다.

게이트에서 비행기까지는 버스를 타고 이동하였다. 이번에도 휠체어에 대한 배려는 없었다. 인천으로 향하는 비행기를 타자마자 다시 승무원에게 두고 온 짐에 대한 말을 꺼내려고 했더니 승무원은 다른 직원을 불렀다. 한국인 승무원이었다. 다른 승객들이 불편하지 않게 나를 한가한 비즈니스 좌석으로 데려가서 이야기를 들어주었고, 옆에서 중국어로 내용을 전달받은 사무장은 비행기 내에 있던 물건은 절대 없어질 수 없으니 다시 한 번 알아보라고 했다. 또한 중국 항공의 모든 분실물은 북경 공항에 있는 중국 항공 분실물 센터로 옮겨진다고 하면서 추후에 이곳으로 전화해서 다시 한 번 확인해 보라고 알려 주었다.

후에 한국인 승무원은 전화로 분실물을 확인할 수는 있지만 본인이 아니면 물건을 회수할 수 없으니 물건을 회수할 때에는 비행기 표와 같은 증명할 수 있는 것을 가져가야 한다고 다시 한 번 알려 주었다. 인천에 도착해서 오랜만에 먹는 한국에서의 첫 식사를 어떤 음식으로 먹을 것인지 고민하였지만, 북경을 떠난 중국 항공은 이전에 몇 번씩이나 먹었던 기내식을 또 한 번 선물해 주었기에 자연스럽게 점심 식사 메뉴에 대한 고민은 사라졌다.

인천 공항에서는 대한항공 직원이 우리를 위해 휠체어를 준비해서 기다리고 있었으며 공항 버스 타는 곳까지 친절히 안내해 주었다. 오후 2시가 넘어 햇볕이 한참 위용을 자랑할 시간에 건물 밖으로 나온 우리는 여행 중 경험해 보지 못했던 따가운 햇볕과 뜨거운 공기를 온몸으로 느끼며 서울을 체감할 수 있었다.